ÖSTERREICHISCHE AKADEMIE DER WISSENSCHAFTEN
PHILOSOPHISCH-HISTORISCHE KLASSE
SITZUNGSBERICHTE, 764. BAND

VERÖFFENTLICHUNGEN ZUR IRANISTIK
HERAUSGEGEBEN VON BERT G. FRAGNER UND VELIZAR SADOVSKI
NR. 41

ANTONIO PANAINO UND VELIZAR SADOVSKI

DISPUTATIONES IRANOLOGICAE VINDOBONENSES, I.

ANTONIO PANAINO
Chronologia Avestica

VELIZAR SADOVSKI
Epitheta und Götternamen im älteren Indo-Iranischen

Verlag der
Österreichischen Akademie
der Wissenschaften

ÖAW

Wien 2007

Vorgelegt von k. M. RÜDIGER SCHMITT
in der Sitzung am 22. Juni 2007

Texterstellung bzw. Textstrukturierung erfolgten
unter Verwendung des Fonts TITUS Cyberbit Basic,
welcher freundlicherweise vom TITUS-Projekt der Universität Frankfurt
zur Verfügung gestellt wurde,
sowie der Schriftart Gentium,
hergestellt von Gian Pietro Basello

Die verwendete Papiersorte ist aus chlorfrei gebleichtem Zellstoff hergestellt,
frei von säurebildenden Bestandteilen und alterungsbeständig.

ISBN 978-3-7001-3963-8

Druck: Börsedruck Ges.m.b.H., A-1230 Wien

http://hw.oeaw.ac.at/3963-8
http://verlag.oeaw.ac.at

INHALTSVERZEICHNIS

VORWORT DER HERAUSGEBER

Vorliegender Band ist als erstes Ergebnis einer Forschungskooperation zwischen dem Institut für Iranistik der Österreichischen Akademie der Wissenschaften, der Universität Bologna, Italien, sowie dem Italienischen Institut für Afrika und den Orient (IsIAO) entstanden. Die hier abgedruckten Beiträge vereinen Texte, die im Rahmen zweier reziprok angelegten Vortragsreihen – in Italien und in Österreich – vorgestellt wurden. Der Text von Antonio Panaino wurde aus dem Anlaß zweier Veranstaltungen an der Akademie der Wissenschaften und der Universität Wien vor einem iranistischen und indogermanistischen Auditorium vorgetragen; die dem vorliegenden Beitrag zugrundeliegende umfangreichere Studie von Velizar Sadovski wurde bei einem Vorlesungszyklus auf Einladung der Akademie der Wissenschaften in Bologna bzw. im Rahmen einer Sokrates-Gastprofessur an den Universitäten Bologna und Rom präsentiert.

Die Kooperation zwischen beiden wissenschaftlichen Institutionen ist mittel- bis langfristig angelegt und betrifft Belange der Forschung auf dem Gebiet des älteren Indo-Iranischen, die seitens Angehöriger des Instituts für Iranistik einerseits und Iranisten in Bologna/Ravenna bzw. Rom andererseits gemeinsam verfolgt werden. Die Vereinbarung ist ausdrücklich als erster Schritt zur Erarbeitung bilateraler und multilateraler EU-Projekte konzipiert. Dieser Band ist das Produkt der ersten gemeinsamen Aktion im Sinne dieser Kooperationsvereinbarung; ihm folgen weitere Publikationen, die abwechselnd in Italien und in Österreich erscheinen sollen.

Der gemeinsame Aspekt des hiermit vorgelegten ersten Bandes der „*Disputationes Iranologicae Vindobonenses*“ ist die sprach- und literaturwissenschaftliche Analyse und Neubewertung der ältesten erhaltenen Sprachdenkmäler indo-iranischer Überlieferung, des Avesta und des Rigveda. Im Falle des Beitrags von Antonio Panaino werden bisherige chronologische Konzepte der Avesta-Forschung einer umfassenden Revision unterworfen. Es ist davon auszugehen, daß damit für die nächste Zeit neue, aussichtsreiche Parameter für diesen Forschungszweig vorgegeben worden sind. Der vorgelegte Text von Velizar Sadovski zu Namengebung und Epithetabildung im Altiranischen und im Altindischen stellt einen wichtigen Teil einer größer angelegten Untersuchung dar, welche stilistische Gemeinsamkeiten beider Schwestersprachen analysiert und damit die Grundlage für einen seit

Langem ausstehenden Vergleich zwischen dem Avestischen und dem Vedischen schafft.

Die dem Band zugrundegelegten Vortragsreihen waren standortbedingt jeweils abwechselnd auf Deutsch und auf Italienisch gehalten worden. Bei der Veröffentlichung wurde indes der Landessprache der betreffenden Forschungseinrichtungen Rechnung getragen, weshalb hier ein mehrsprachiger Text zur Publikation vorgelegt worden ist. Ausschlaggebend für diese Entscheidung ist die Einsicht, daß im heutigen europäischen Raum der Präsentation unterschiedlicher Wissenschaftsstile in den jeweiligen Originalsprachen der Vorzug einzuräumen ist.

Diese Dialektik zwischen Einheit und Diversität im Forschungsdiskurs der heutigen europäischen Iranistik hat zweifelsohne einen *spiritus rector* – Prof. Gherardo Gnoli, der Präsident des *Istituto Italiano per l'Africa e l'Oriente*, der sich bereits jahrzehntelang für den Ausbau und die Institutionalisierung der iranistischen Forschung auf dem Alten Kontinent engagiert. Es ist ein überaus erfreuliches Zusammentreffen, daß unser Band zu einem Zeitpunkt erscheint, zu dem die iranistische *scientific community* den siebzigsten Geburtstag ihres herausragenden Mitgliedes feiert! Die hier behandelten Themen stehen allesamt in einem direkten forschungsgeschichtlichen Zusammenhang mit seinem wissenschaftlichen Œuvre.

Bert G. Fragner   Velizar Sadovski

ANTONIO PANAINO

CHRONOLOGIA AVESTICA: TRA CRONOLOGIA LINGUISTICA E STORIA RELIGIOSA

(FILOLOGIA E STORIA DEL TESTO AVESTICO, I.)

Un recente lavoro di notevole pregio, a cura di Michiel de Vaan, *The Avestan Vowels* (Amsterdam – New York 2003), propone nell'introduzione[1] una storia linguistica dell'Avestico con implicazioni non secondarie di ordine storico-religioso, che mi sembrano meritare molta attenzione, anche perché diverse conclusioni ivi contenute, presentano una perentorietà particolare, quasi fosse stata finalmente scritta la parola fine su di un'annosa questione, che invece mi sembra tutt'affatto risolta definitivamente.

Due sono i modelli teorici che vengono, in linea ipotetica, suggeriti:

Modello A	Modello B
Proto-Avestico	Proto-Avestico
Antico Avestico – Avestico Recente	Antico Avestico
	Avestico Recente

Per il momento lasciamo in sospeso la questione della legittimità della terminologia utilizzata, senza riprendere subito le obiezioni di Gershevitch,[2] che invece ribadiva la correttezza della nomenclatura di Bartholomae,[3] ovvero quella tradizionale che distingueva un "Gāθā-Awestisch", ossia un "Gāθādialekt" (agg. "gāθisch-awestisch", anche sostantivato "Gāθisch") da uno "Jung-Awestisch"; su questo tema ritorneremo eventualmente in sede di conclusioni.

Il modello B sarebbe possibile solo se non si trovano in Antico Avestico delle innovazioni che risultano assenti dalla lingua seriore. Sulla base di un riesame dei fenomeni fonetici e morfologici delle due varietà linguistiche, de Vaan ha dedotto che l'Antico Avestico avrebbe mantenuto le forme ereditate dal Proto-Iranico, mentre l'Avestico Recente presenterebbe solo innovazioni; tale constatazione implicherebbe la validità del modello B, per cui bisognerebbe assumere una storia della lingua avestica, che viene suddivisa in

---

1 Si vedano le pp. 8-10 e 11-15.

2 I. Gershevitch, Approaches to Zoroaster's Gathas, *Iran*, 33, 1995, pp. 1-29, soprattutto le pp. 2-4.

3 Si vedano, *e.g.*, le abbreviazioni impiegate nello *Altiranisches Wörterbuch*, Strassburg 1904, pp. XXX-XXXI.

diverse fasi, ancor più circostanziate rispetto al modello avanzato da Kellens nel 1998:[4]

1) Proto-Indo-Iranico;
2) Proto-Iranico (1500 a.C. circa);
3) Antico Avestico (1200–1000 a.C. circa);
4) Antico Avestico-Recenziore (1200/1000–800/600 a.C. circa);
5) Fine della fase 4: canonizzazione dei testi antico avestici (800–600 a.C. circa);
6) Canonizzazione dell'Avestico Recente (800–300 a.C.);
7) Definizione finale dell'*Avesta* (dopo il 300 a.C.);
8) Periodo Post-Avestico-Recente (300 a.C. – 950 a.D.): estinzione dell'Avestico come lingua viva e redazione del canone scritto;
9) Fine della fase precedente (tra il 651 d.C. ed il 950): redazione dell'Archetipo I;
10) Post-archetipo (1000–1700 d.C.).

Questo schema, al di là di alcune sovrapposizioni, a mio vedere, contraddittorie, accetta come dati storici non solo l'estinzione dell'Antico Avestico e la sua automatica trasformazione in Avestico Recente, ma anche, per quanto concerne il periodo tardo-avestico, la canonizzazione del *Proto-Yasna* A (secondo la tesi di Kellens)[5] prima dell'introduzione del "calendario zoroastriano", che viene collocata tra il 500 ed il 450 a.C. Tale conclusione non è per nulla certa, giacché la data di introduzione del calendario propriamente "zoroastriano" potrebbe essere ancor più recente di quanto supposto, se si tiene conto del fatto che la menonimia medio-iranica orientale, ma anche quella armena e cappadoce, rimanda, come ho ampiamente dimostrato,[6] ad un calendario iranico di tipo egizio nella sua struttura lunisolare, anche se ben più antico di quello a cui si fa riferimento nei testi avestici e soprattutto nei documenti medio-persiani; su questo primo calendario "iranico lunisolare", introdotto in età achemenide (altrimenti non avrebbe potuto diffondersi in culture e tradizioni così lontane) a partire, verisimilmente dall'area occidentale, sarebbero stati successivamente imposti i nomi dei mesi secon-

4 J. Kellens, Considérations sur l'histoire de l'Avesta, *JA*, 286/2, 1998, pp. 451-519, in particolare p. 513.

5 J. Kellens, Considérations sur l'histoire de l'Avesta, *cit.*, pp. 511-513.

6 A. Panaino, G. Schiaparelli e la storia dei più antichi sistemi calendariali iranici, in *Atti del Seminario di studi sul tema: «G. Schiaparelli storico della Astronomia e uomo di cultura», Milano, 12-13 maggio 1997, Osservatorio Astronomico di Brera*, Milano 1999, pp. 99-148; idem, Quelques réflexions sur le calendrier zoroastrien, in *Iran. Questions et Connaissances*. Vol. I: *La période ancienne*. Textes réunis par Ph. Huyse. *Quatrième Conférence européenne d'Études Iraniennes. Paris, 6-10 septembre 1999*, Studia Iranica, Cahier 25, Paris 2002, pp. 221-232.

do la "teologia" avestica (e ciò rimanderebbe ad un periodo molto più recente di quello postulato da Kellens). Non è, infatti, un caso che mentre l'emeronimia calendariale appare comune, con qualche minima oscillazione nei calendari medio-iranici, la menonimia risulta altamente varia ed instabile rispetto al calendario cosiddetto zoroastriano, fatto che pare presupporre un modello calandariale teologicamente differente e certamente più antico di quello che troviamo attestato, per quanto solo parzialmente, nell'*Avesta* recente e nelle fonti zoroastriane posteriori.

Inoltre, le oscillazioni cronologiche indicate nello schema proposto da de Vaan, e per le quali si danno alcuni periodi in cui l'Antico Avestico poteva essere ancora vivo, assieme all'Avestico Recente (nel caso specifico, ciò, secondo de Vaan si sarebbe potuto verificare intorno al 1200), non escludono la compresenza delle due varietà linguistiche, magari in valli e zone differenti, anche qualora si accettasse l'idea che la lingua più recente derivi direttamente da quella gāθica. Inoltre, non si considera che, a quanto risulta dalle stesse *Gāθā*, Zoroastro (o qualcuno *déguisé* sotto tale nome nelle fonti) si sarebbe spostato da una zona all'altra, forse solo di qualche valle, per trovare appoggio e soccorso, e ciò, per chi riconosce l'importanza della dialettologia, potrebbe implicare anche l'incontro con varietà linguistiche, forse non sconcertanti, ma certamente non prive di significato.

Il fatto che di recente Jean Kellens,[7] in un rimarchevole ed illuminante contributo in corso di stampa per il *Gruenberg Memorial Volume*, ricco di osservazioni critiche alla dottrina professata da Meillet nel 1917[8] e nel 1925,[9] sfuma e stempera le caratteristiche del gāθico come lingua *savante*, per sottolinearne i tratti di lingua *vivante*, per quanto non privo di plausibilità, deve, a mio avviso tener conto di ulteriori elementi. In altri termini, mi sembra ineludibile il fatto che il testo gāθico presenti un linguaggio ed uno stile artificiale, di una notevole e straordinaria complessità retorica e metrica, che certamente non può essere assunto come modello di una *performance* linguistica di uso quotidiano e profano, nonostante le nostre ridotte conoscenze di tale lingua a causa dei limiti e delle dimensioni del *corpus* tràdito. La separazione sintattica di *Ahura* da *Mazdā*, quella di *Vohu* da *Ma-*

---

7 J. Kellens, Les «Observations critiques» de Meillet aujourd'hui, in *Indoiranskoe jazykoznanie i tipologija jazykovych situacij.* Sbornik statej k 75-letiju professora A. L. Grjunberga (1930–1995). Otv. red. M. N. Bogoljubov. Sankt-Peterburg 2006, pp. 276-281.

8 A. Meillet, Observations critiques sur le texte de l'Avesta, *JA*, 1917 (Onzième série, tome 10), pp. 183-214.

9 A. Meillet, *Trois conférences sur les gâthâs de l'Avesta*, Paris 1925, pp. 27-32 e *passim*.

nah ed altri fenomeni stilistici ancora, ben evidenziati per esempio da Martin Schwartz[10] nella sua indagine dedicata alla "tessitura" della poesia antico avestica, presuppongono un'artificiosità deliberata, che deve rappresentare un *warning* molto serio dal punto di vista della ricostruzione storica e comunque nella valutazione del procedimento formale che ha dato vita a tali *performances* stilistiche.

Veniamo però alle argomentazioni strettamente linguistiche che non mi sembrano affatto incontrovertibili e che risultano affette, a mio parere, da alcuni apriorismi.

Secondo de Vaan, ma anche secondo Kellens, tutte le apparenti innovazioni presenti in Avestico Antico rispetto all'Avestico Recente sarebbero illusorie, giacché in realtà l'Avestico Antico tramanderebbe sempre la forma indo-iranica, mentre solo l'Avestico Recente si distinguerebbe per le sue innovazioni, comunque direttamente derivate dalla varietà linguistica più antica.

I tre casi più rilevanti in cui l'Avestico Recente sembrerebbe aver ereditato la stessa forma del Vedico, sarebbero, quindi, solo un miraggio: vediamoli in dettaglio:

(1.) Lo str. pl. di *a-/i-* "questo, quello" è in av.a. *āiš* rispetto a av.r. *aēibiš* e ved. *ébhiḥ*. De Vaan asserisce (p. 9, par. 8) che sarebbe la forma av.a. quella ereditata alla luce di lat. *īs*, ant. lat. *eīs* < "PIE **$h_1$ei-ois*". La presenza di altre forme di str. pl. come av.a. e av.rec. *yāiš* "con i quali" e av.r. *kāiš* "con chi?" suggerisce, a suo avviso, che la forma originaria sarebbe stata "**Ha-aiš*", rimpiazzata in Avestico Recente e Vedico (indipendentemente l'una dall'altra) da **Hai̯-b^hiš*. Tale argomentazione, così perentoriamente formulata, prescinde dal fatto che, per quanto la desinenza indo-iranica *-*ai̯s* sia certamente la più antica (e quindi, verisimilmente anche *tāiš* dovrebbe essere formalmente più arcaico di *ébhiḥ*), quella in *-*ai̯$b^h$is* è di probabile ori-

10 M. Schwartz, Coded Sound Patterns, Acrostics, and Anagrams in Zoroaster's Oral Poetry, in *Studia Grammatica Iranica. Festschrift für H. Humbach*, herausgegeben von R. Schmitt und P. O. Skjærvø, *Münchener Studien zur Sprachwissenschaft*, Beiheft 13, N.F., München 1986, pp. 327-392; idem, Sound, Sense, and Seeing in Zoroaster: the Outer Reaches of Orality, in *International [Indo-Iranian] Congress Proceedings, 5th–8th January 1989. K.R. Cama Oriental Institute Bombay*. Bombay (1991, pp. 127-163; idem, The Ties that Bind: On the Form and Content of Zarathushtra's Mysticism, in *New Approaches to the Interpretation of the Gāthās. Proceedings of the First Gāthā Colloquium held in Croydon, England (5th–7th November 1993) under the Auspices of the World Zoroastrian Organisation*, ed. by F. Vajifdar, Whyteleafe (Surrey) 1998, pp. 127-197.

gine pronominale (come suggerito, *e.g.*, da Thumb – Hauschild);[11] quindi, la sua presenza contemporanea in Avestico Recente ed in Vedico (ma anche in Antico Persiano nei temi nominali) sembra un tratto conservativo, per quanto non limitato alla lingua poetica e/o sacrale, come, invece, nel caso specifico della doppia desinenza di nom. pl. **-āsas* (av. *-å̊ŋhō*; a.p. *-āha*; ved. *-āsaḥ*), in cui, comunque, l'Avestico Recente pare essere stato afferrato da un'isoglossa comune al Vedico (mentre, invece, nel Sanscrito Classico si ritorna alla desinenza leggera nei temi nominali). La decisione di considerare tale desinenza come il frutto di un esito monoglottico, insorto per via di uno sviluppo autonomo e indipendente sia dell'Avestico Recente sia del Vedico, resta una *petitio principii*, poiché tale tratto si affianca, anche se con una funzionalità diversa, a quello già ricordato del doppio nominativo, nonché al fenomeno seguente, che tra breve esamineremo.

Giustamente, come sottolinea Kellens, dalla questione bisogna estrapolare il caso degli str. sg. *anā* e pl. *anāiš*, che sono costruiti su di un tema pronominale diverso, *ana-* (cfr. ved. *aná-*)[12], mentre la distribuzione tra *tāiš*, tonico, e *āiš*, enclitico, rivelerebbe un tratto di arcaicità. È altrettanto corretto sottolineare, come segnalato da Kellens, che, secondo quanto già notato da Meillet, *aēibiš* è attestato solo in *Y.* 9, 22, dove funge da dativo, mentre la regola dell'Avestico Recente sarebbe quella opposta, ossia si attenderebbe di norma un dativo in funzione strumentale. Ma, tale bizzarria non si spiegherebbe piuttosto come un arcaismo dialettale, attraverso una tradizione od una varietà non assimilabile a quella dell'Avestico Antico?

Bisogna, altresì, notare sulla scorta di alcune annotazioni di V. Sadovski che la ricostruzione di un indo-iranico **Ha-ai̯š* risulta doppiamente improbabile:

(a.) Se, infatti, nel passaggio da *(h_1)*ei̯-oi̯s* a "**Ha-ais*" (una ricostruzione postulata da de Vaan senza una chiarificazione *in extenso*, ma ovviamente per evitare un risultato come **Hai̯-ai̯s*) de Vaan assume o un'aplologia *ad hoc*, oppure un'elisione di *-i̯-* in posizione interna, si applica intrusivamente una regola del *sandhi* esterno del Vedico ad una condizione di *sandhi* interno, fatto alquanto improbabile.

(b.) Se, inoltre, de Vaan fa uso non di un tema apofonico *(h_1)*ei̯-* / *(h_1)*i-* (per quanto in questa ricostruzione la presenza di una laringale non sia

[11] A. Thumb, *Handbuch des Sanskrit.* 3., stark umgearbeitete Auflage von R. Hauschild, Bd. I, Teil 2, Heidelberg 1959, pp. 36 e ss.

[12] J. Wackernagel – A. Debrunner, *Altindische Grammatik*, Bd. III, Göttingen 1930, p. 526.

affatto sicura),[13] ma della cosiddetta variante "tematica" $*(h_1)e$-/o- (> indoiranico *a-), non può poi compararla col Latino Antico *eīs*, qualora lo si ricostruisca come $*(h_1)$*ei̯-oi̯s*.

(c.) La stessa forma del Latino arcaico non è però un testimone certo dello stato di cose proto-indoeuropeo; di norma, non ci aspetteremmo necessariamente una radice a grado pieno nei casi deboli, come lo strumentale plurale, e siffatta introduzione di $*(h_1)$*ei̯*- proprio in questa posizione del paradigma flessivo dovrebbe essere, sempre ammesso che sia corretta, solo di origine secondaria. In realtà, la sua origine potrebbe essere dovuta ad un livellamento paradigmatico interno proprio del Latino (ossia paradigmaticamente simile a quello che noi troviamo nella forma *eīs* dell'abl. pl. (< str. pl.) in Latino, forma attestata raramente, *e.g.*, nel *Senatus consultum de Bacchanalibus*,[14] accanto alla quale, però, si riscontra sempre una forma normale di dat./abl. pl. *ĭīs* con una *ĭ*- breve < $*(h_1)$*ĭ*-.[15] Peraltro, dobbiamo rammentare che le molteplici neoformazioni analogiche nel paradigma dei pronomi dimostrativi[16] ebbero inizio già in fase proto-indoeuropea e, quindi,

---

13 Cfr. M. Mayrhofer, *Etymologisches Wörterbuch des Altindoarischen*, Bd. I, Heidelberg 1992, p. 28, con ulteriore letteratura; vedi anche M. Peters, *Untersuchungen zur Vertretung der indogermanischen Laryngale im Griechischen* (*SbÖAW* 377), Wien 1980, p. 102 e n. 48.

14 CIL 581,5: EEIS. Cfr. G. Meiser, *Historische Laut- und Formenlehre der lateinischen Sprache*, Darmstadt 1998, p. 6, par. 4, linea 5. Si vedano, inoltre, M. Leumann, *Lateinische Laut- und Formenlehre*, München 1977, pp. 466-467 (= M. Leumann – J. B. Hofmann – A. Szantyr, *Lateinische Grammatik*, I. Band, München 1977; F. Sommer, *Handbuch der lateinischen Laut- und Formenlehre*. Eine Einführung in das sprachwissenschaftliche Studium des Lateins. Zweite und dritte Auflage, Heidelberg 1914, pp. 418-421).

15 Sulla ricostruzione della situazione concernente lo strumentale plurale dei pronomi nella fase indo-europea cfr. K. Brugmann in K. Brugmann – B. Delbrück, *Grundriß der vergleichenden Grammatik der indogermanischen Sprachen. Vergleichende Laut-, Stammbildungs- und Flexionslehre*. Zweite Bearbeitung, Zweiter Band: *Lehre von den Wortformen und ihrem Gebrauch*, Straßburg 1911, *e.g.*, cfr. pp. 324 e ss. et *passim*. Si veda, inoltre, M. Meier-Brügger, *Indogermanische Sprachwissenschaft*, 8., überarbeitete und ergänzte Auflage der früheren Darstellung von H. Krahe. Unter Mitarbeit von M. Fritz und M. Mayrhofer, Berlin – New York 2002, p. 232-234, in particolare il par. F 405. Secondo Meiser (*Historische Laut- und Formenlehre der lateinischen Sprache*, *cit.*, p. 160) la forma originale del dat.-abl. pl. sarebbe stata **ei̯bhos*, che avrebbe poi influenzato l'intero paradigma per poi condurre alla sua *Umformung*. Si noti che Sommer, *Handbuch der lateinischen Laut- und Formenlehre*, *cit.*, p. 420, cita anche un abl. pl. *ībus* (Plauto, *Mi.*, 74).

16 Cfr., *e.g.*, Brugmann – Delbrück, *Grundriß*, vol. II, 2., *cit.*, pp. 326-327, dove sono elencati i diversi temi (compresi quelli che presentano incroci particolari) dei pronomi

una tale situazione del tutto particolare non può essere presa in considerazione come argomento determinante nella presente discussione, come, invece, suggerito da de Vaan (p. 9, par. 8). Si rammenti, in proposito, anche la desinenza alternativa del pronome anaforico **-mis* (~ **-bʰis*), che caratterizza le lingue germaniche e balto-slave. Non è, quindi, accettabile metodologicamente che si ricostruisca una singola forma sulla base delle eccezioni, in modo particolare nel caso del paradigma pronominale.

In questo contesto si deve riconsiderare la presenza della forma di accusativo sg. neutro in Avestico Recente (*aniiat̰*) ed in Antico Persiano (*aniya*), mancante invece in Avestico Antico. Per quanto si possa anche asserire che la sua assenza nei testi "antichi" sia dovuta al caso, ovvero che in realtà taele forma sarebbe esistita,[17] tale argomento resta *ex silenzio*, con tutti i suoi limiti.

(2.) Il plurale di *vīspa-* "tutto" segue la declinazione nominale in Avestico Antico (nom. pl. *vīspå̄ŋhō* [3x], gen. pl. *vīspanąm* [3x], acc. pl. *vīspə̄ṇg* [solo in *Y.* 28, 1]),[18] mentre ricorre a quella pronominale (più precisamente alla declinazione degli aggettivi-pronomi indefiniti), in Avestico Recente (nom. pl. *vīspe*, gen. pl. *vīspaēšąm*); quest'ultimo caso corrisponde a quello di ved. *víśve*, *víśveṣām*. Giacché *vīspa-* è un aggettivo, la sua declinazione dovrebbe essere quella nominale e le forme gāθiche sarebbero, quindi, le più arcaiche. La declinazione pronominale avestico recente, che si è estesa anche ad alcune forme di *aniia-* ed al numerale *aēuua-*, dovrebbe essere, allora, solo un'innovazione, poiché anche il Vedico preserva tracce di una declinazione nominale di *víśva-*. Anche questa sarebbe giocoforza un'innovazione parallela e monoglottica di Vedico e Avestico Recente.

Nuovamente la conclusione si fonda su di un'assunto discutibile: infatti, l'introduzione di desinenze pronominali nella declinazione di alcuni aggettivi si affianca al caso della presenza di una desinenza "pesante" di str. pl. quale **-ai̯bʰis*, di verosimile origine pronominale; essa, non a caso, trova estensione maggiore proprio negli aggettivi.[19] La tendenza, quindi, ad introdurre desinenze pronominali nei temi aggettivali appare fenomeno comune,

---

dimostrativi ed anaforici indo-europei e, soprattutto, dove le difficoltà dovute alle interferenze interparadigmatiche sono oggetto di una breve presentazione.

17 P. O. Skjærvø, The Antiquity of Old Avestan, *Nāme-ye Irān-e Bāstān*, 3/2, 2003-2004, pp. 15-41, soprattutto le pp. 26-28.

18 Cfr. anche Skjærvø, The Antiquity of Old Avestan, *cit.*, pp. 27-29.

19 Wackernagel – Debrunner, *Altindische Grammatik*, III, pp. 105 e ss.

forse di origine già indo-iranica, anche se non omogeneo, come ha già rilevato Lazzeroni.[20] Che tutti quelli citati siano, pertanto, esiti paralleli, ma indipendenti, parrebbe abbastanza inverosimile e, comunque, non si tratta di un argomento indiscutibile e definitivamente assodato. Kellens ha, dal canto suo, ipotizzato che si possa presupporre un'originaria differenziazione tra la declinazione dei maschili rispetto a quella dei neutri, in particolare sulla base del fatto che il dativo *vīspāi* è sempre attestato con *yu-*, "durata", senza dubbio neutro; ma, in questo caso, purtroppo, il fatto che si tratti di un singolare non è di aiuto rilevante, giacché *vīspa-*, proprio al singolare, segue sistematicamente la declinazione nominale, con l'eccezione del dat. sg. av.r. *vīspəmāi* (con desinenenza pronominale, forse < **vīspəhmāi*; cfr. ved. *víśvasmāi*, ma anche *víśvāya* con desinenza nominale) rispetto ad av.a. *vīspāi*.[21] Infine, dobbiamo considerare che la creazione di una classe allargata di "aggettivi pronominali" sembrerebbe essere fenomeno già di origine indo-iranica; al contrario, la riaggettivazione (dal punto di vista della declinazione) di *vīspa-* / *víśva-* appare storicamente come una *lectio facilior*, spiegabile più facilmente come un riadattamento secondario di epoca post-vedica. Anche in questo caso, il ricorso ad *argumenta ex silenzio*, fondati sul fatto che l'Avestico Antico potrebbe aver avuto tali forme, eventualmente non attestate per ragioni metriche, è puramente dogmatica e indimostrabile.

(3.) Il gen. sg. di *xratu-* "intenzione" è in Avestico Antico *xratə̄uš* < **krataṷš* di contro ad av.rec. *xraθβō* e ved. *krátvaḥ* < **kratṷas*. La stessa correlazione sembra esistere tra le forme di gen. sg. di *pasu-* "bestiame": av.a. *pasə̄uš* rispetto ad av.rec. *pasuuō* e ved. *paśváḥ*. Sembrerebbe che Avestico Recente e Vedico abbiano conservato la flessione più arcaica nei casi obliqui dei temi in *-u-*, mentre l'Avestico Antico avrebbe innovato.[22] Ma, secondo de Vaan (p. 9, par. 9), sarebbe dubbio se la forma di grado zero in **-ṷ-ah* dell'Avestico Recente sia veramente antica, poiché *xraθβō* ricorre solo in testi liturgici recenti (accanto ad altre forme come ^{x}*xratə̄uš* o ^{x}*xrataoš* e all'abl. *xrataot̰*, che presuppone, a suo avviso, un gen. **xrataoš*); allora, la forma av.rec. *xraθβō* potrebbe essere stata formata sul modello dello str. sg.

20 R. Lazzeroni, Per una definizione dell'unità indo-iranica, *Studi e Saggi Linguistici*, 8, 1968, pp. 131-159, in particolare pp. 150-153.

21 Cfr. Skjærvø, The Antiquity of Old Avestan, *cit.*, pp. 28.

22 Così, infatti, F. B. J. Kuiper, *Notes on the Vedic Noun-Inflection*, Amsterdam 1942, pp. 51-52.

xraθβa o dei composti in °*xraθβa-*. Il gen. sg. *pasuuō* occorre, invece, solo in *N*. 65 e, quindi, sarebbe privo di valore.

Sebbene l'Avestico Antico abbia uno str. sg. *xraθβā* (3x), de Vaan nota[23] che non si può escludere che tale lingua abbia avuto delle forme dei temi in *-u-* usterodinamiche, ma non sarebbe affatto certo che l'Avestico Antico le abbia rimpiazzate tutte secondo la declinazione dei temi in *-u-* proterodinamici.

Gli argomenti mi sembrano aprioristici, in quanto la conservazione dello str. sg. *xraθβā* (in alternanza con *xratū* 2x) e la compresenza del gen.-abl. sg. *xratə̄uš*, mostra uno stato di cose molto più complesso, da cui si evince che l'Avestico Recente avrebbe conservato la forma più antica; il fatto che essa sia attestata in fonti liturgiche recenti non depone a sfavore della sua genuinità, giacché si tratterebbe con ogni verisimiglianza di forma conservativa, forse rimasta in uso nel lessico rituale, mentre la creazione di un nuovo genitivo sulla base di un primo elemento di composto, oppure dello str. sg., mi sembra una soluzione *ad hoc*. Gli argomenti già avanzati da Meillet[24] e da Kuiper mi sembrano, se non certi, ancora mantenere indiscutibilmente la loro serietà, nonostante il fatto che Kellens ritenga, in proposito, che la doppia flessione (proterodinamica ed usterodinamica) metterrebbe in luce la presenza di un arcaismo.

Ma, astrazione fatta da questo problema, appare necessario, come ha fatto notare Velizar Sadovski nel corso di un recente simposio iranologico svoltosi a Cagli,[25] soffermarsi ancora su almeno tre problemi di una certa serietà, implicati proprio dall'interpretazione di de Vaan:

(1.) Il primo concerne il tentativo di spiegare il gen. sing. iranico **kratu̯as* in Avestico Recente, attraverso il ricorso ad una derivazione improntata sul modello dei composti in °*xraθβa-*, che, peraltro, sono attestati praticamente solo una volta e per giunta in un "geringe Stelle",[26] precisamente in *Yt*. 18, 4, ove occorre una neoformazione, forse dovuta ad una rima (*Reimbildung*).

---

[23] Vedi de Vaan, *The Avestan Vowels*, *cit.*, p. 10.

[24] Meillet, Observations critiques sur le texte de l'Avesta, *cit.*, pp. 138-139.

[25] Simposio organizzato dalla Sezione Emilia-Romagna dell'IsIAO a Cagli il 16 ed il 17 aprile 2005, dal titolo: "*Giornate orientalistiche cagliesi* I: Filologia, religione, storia dell'Iran antico. L'Avesta e gli Achemenidi".

[26] Vedi Bartholomae, *Altiranisches Wörterbuch*, *cit.*, col. 1467, s.v. *vīspō.xratav-*.

(2.) Ma, anche se la formazione fosse antica – e solo nel caso noi assumessimo un *Ableitungskompositum* con il suffisso *-*o*- (> indo-ir. -*a*-) del tipo descritto da Risch[27] e più recentemente da Sadovski[28] – non possiamo sostenere che la presenza di una sola testimonianza sia sufficiente ad influenzare l'intero paradigma della flessione.[29]

(3.) Il principale errore logico-strutturale commesso da de Vaan nel suo tentativo di spiegare il paradigma di **kratu̯as* si evince, infatti, dall'assunzione che tale tema appartenga esclusivamente al tipo di declinazione usterodinamico. In questo caso, de Vaan chiaramente si ispira alla terminologia introdotta da Kuiper nel 1942 (ma anticipata da H. Pedersen,[30] sebbene quest'ultimo non sia esplicitamente citato dallo stesso de Vaan), secondo un modello teorico che, d'altro canto, risulta superato dalla stato attuale della ricerca indeuropeistica degli ultimi cinquanta anni. Conformemente alla terminologia precisata da K. Hoffmann[31] e adottata da H. Eichner[32] e J. Schindler,[33] noi avremmo in questo caso piuttosto la presenza di un tipo di declinazione acrostatico,[34] in cui Vedico e Avestico (Recente) con-

---

27 E. Risch, Griechische Komposita vom Typus μεσο-νύκτιος und ὁμο-γάστριος, *Museum Helveticum*, 2, 1945, pp. 15-27.

28 V. Sadovski: Die exozentrischen Zusammensetzungen mit Vorderglied Präverb/Präposition im R̥gveda: Entheos-Komposita und präpositionale Rektionskomposita. In: *Indoarisch, Indoiranisch und die Indogermanistik.* Akten des Fachkolloquiums der Indogermanischen Gesellschaft in Erlangen, 2.-5.10.1997, hrsg. von B. FORSSMAN – R. PLATH. Wiesbaden 2000, S. 255-274; idem, *Untersuchungen zu den exozentrischen Komposita im Veda und dem Avesta (Bahuvrīhi und Ableitungskomposita)*, in stampa.

29 Si noterà che il primo caso menzionato da M. de Vaan (*The Avestan Vowels*, *cit.*, p. 10, n. 1), *aš.xraθβastəma-*, è chiaramente secondario e non appare determinante per questa discussione.

30 H. Pedersen, *La cinquième déclinaison latine*, København 1926, *passim*.

31 Vedi, *e.g.*, K. Hoffmann, *Aufsätze zur Indoiranistik*, II, Wiesbaden 1976, pp. 597-600.

32 H. Eichner, Die Etymologie von heth. *mehur*, *MSS*, 31, 1975 (1973), pp. 53-110, in particolare p. 91; idem, Zu Etymologie und Flexion von vedisch *strī́* und *púmān*, *Die Sprache*, 20/1, 1974, pp. 26-42.

33 J. Schindler, Zum Albaut der neutralen -*s*-Stämme des Indogermanischen, in *Flexion und Wortbildung. Akten der V. Fachtagung der Indogermanischen Gesellschaft, Regensburg, 9.-14. September 1973*, herausgegeben von H. Rix, Wiesbaden 1975, pp. 259-267; idem, L'apophonie des thèmes indo-européens en -*r/n*, *BSL*, 70, 1, 1975, pp. 144-167 (ristampato in: *Indo-European Studies*, ed. by C. Watkins, vol. II, Cambridge, Massachusetts, 1975, pp. 210-225).

34 H. Rix, *Historische Grammatik des Griechischen. Laut- und Formenlehre*, Darmstadt 1992 (korrigierte Auflage): definito "akrodynamisch" (vedi, *e.g.*, p. 123); così anche, più recentemente, E. Tichy, *Indogermanistisches Grundwissen*, Bremen 2000, p. 74, con letteratura.

servano chiaramente una situazione più arcaica con i casi forti al grado *-o-* ed i casi deboli con la radice al grado *-e-* secondo lo schema:

(A.)
**krótu-*
**krétu̯-*V° / **krétu-*C° (la variante prevocalica > av.a. *xraθβā*, av.r. *xraθβō*; la variante preconsonantica, *e.g.*, in av.a. *xratū* < **krétu-h_1*).[35]

Per mezzo di una derivazione interna, il tema di una caso debole di un sostantivo acrostatico può senza dubbio fungere da base derivazionale per una *Ableitung* di un aggettivo possessivo:

(B.)
krét-u-* (casi forti) "dotato di **krótu-*/krétu-*";
**kr̥t-éu̯-* (casi deboli) (con paradigma proterocinetico).

Ma tale aggettivo è solo un *derivato* di un sostantivo *acrostatico*, cosicché i due tipi di paradigmi non dovrebbero essere affatto confusi insieme. In generale, sulla gerarchia della derivazione (interna) dobbiamo tener conto dello schema: Acrostatico → Proterocinetico → Usterocinemico → Olocinetico.[36]
Per queste ragioni, anche questo tentativo di eliminare la peculiarità conservativa dell'Avestico Recente appare alquanto infruttuoso.

Ora, se consideriamo che nessuno studioso può, oggi,[37] asserire che la *facies* linguistica dell'Avestico Antico sia recenziore o contemporanea a quella dell'Avestico Recente (basti la sola conservazione del valore bisillabico lasciato dalla laringale (in origine attraverso uno iato), gli effetti, ancora visibili, della "legge di Sievers", oppure la diversa struttura del verbo con la

35 K. Hoffmann, *Aufsätze zur Indoiranistik*, II, p. 597-598.

36 Cfr., *e.g.*, A. Nussbaum, *Head and Horn in Indo-European*, Berlin – New York 1986; V. Sadovski, *Untersuchungen zu den exozentrischen Komposita im Veda und dem Avesta*, *cit.*, cap. 2.

37 In realtà, a parte il tentativo di J. Darmesteter, poi ritrattato, di spostare in pieno periodo ellenistico la composizione delle *Gāθā* sulla base dell'influsso di Filone, neppure tutti coloro che, in forme diverse, hanno considerato la letteratura gāθica come elaborata in un periodo contemporaneo o addirittura posteriore a quella di alcune porzioni dell'*Avesta* recente, hanno ipotizzato che l'avestico antico sia linguisticamente recenziore rispetto all'altra varietà attestata. La data di effettiva composizione delle *Gāθā*, anche qualora fosse posticipata rispetto ad alcune fonti in Avestico Recente non implica la posteriorità linguistica della varietà cosiddetta antica, se si accetta l'ipotesi che tra le due tradizioni esista una differenziazione dialettologica e non una semplice derivazione diacronica.

preservazione dei sistemi del presente dell'aoristo e del perfetto nella varietà più arcaica e la fossilizzazione dell'aoristo nell'Avestico Recente – ma si potrebbe menzionare una lunga lista di altri casi, ben riportati da de Vaan,[38] o ancora la stessa lista redatta da Meillet,[39] a cui si aggiungeranno le recenti considerazioni da parte di Kellens[40] e di Skjærvø[41] –, si deve altresì valutare con occhio storico in quale misura il dato linguistico e la sua interpretazione debbano pesare sulla determinazione di una cronologia relativa e soprattutto sulla ricostruzione di una precisa cronologia storica.

A questo punto dovremmo rilevare che, anche ammesso che l'Avestico Antico sia il padre diretto della sua varietà "recenziore", non possiamo affatto, in mancanza di dati storici reali e incontrovertibili, asserire che in tutte le valli abitate da parlanti Avestico il passaggio dalla prima alla seconda fase sia avvenuto simultaneamente. La presenza di isole conservative, oppure – caso per noi molto probabile e calzante – di tecnoletti poetici deliberatamente arcaizzanti e retoricamente più tradizionali, non può essere affatto esclusa; non si vuole affatto negare che l'Avestico Antico si fondi su di una lingua parlata e vivente, più arcaica di quella tramandata dall'*Avesta* recente, ma che il suo uso e la sua funzione poetica e rituale lo separano nettamente da qualsivoglia paragone con una parlata profana e quotidiana. Inoltre, la stessa differenziazione cronologica tra la fase antica e quella recente, tradizionalmente fissata da Kellens in quattro secoli oscuri,[42] resta aleatoria. Infatti, con gli stessi criteri, potremmo dire che tra l'Avestico Recente e l'Antico Persiano dovrebbero essere passati almeno tre o quattro secoli, mentre possiamo agevolmente supporre che l'Avestico Recente fosse stato preservato e compreso come lingua sacrale e religiosa per diversi secoli anche dopo l'estinzione dell'Antico Persiano ed il suo stemperamento in una fase a cavallo tra una sorta di "Tardo-Antico Persiano" (*Spät-Altpersisch*) ed un Antico Medio Persiano (*Früh-Mittelpersisch*). Peraltro, se si riflette sul progressivo collassamento del sistema verbale antico persiano ed l'insorgere di costruzioni perifrastiche di carattere apparentemente ergativo, ben studiato

---

38 Cfr. de Vaan, *The Avestan Vowels*, *cit.*, pp. 8-9.

39 A. Meillet, Observations critiques sur le texte de l'Avesta, *cit.*, pp. 183-187.

40 J. Kellens, Les «Observations critiques» de Meillet aujourd'hui, *cit.*, in stampa.

41 Cfr. Skjærvø, The Antiquity of Old Avestan, *cit.*, pp. 26-27.

42 J. Kellens, Quatre siècles obscurs, in *Transition Periods in Iranian History. Actes du Symposium de Fribourg-en-Brisgau (22-24 Mai 1985)*, Studia Iranica, Cahier 5, Paris 1987, pp. 135-139.

da Skjærvø,[43] la distanza dall'Avestico cosiddetto "Recente" si approfondisce ulteriormente.

Se a ciò aggiungiamo che diversi fenomeni, i quali, come abbiamo visto, accomunano il Vedico all'Avestico Recente (si veda in proposito anche l'esito in finale di parola di *-as* > *-ō*),[44] possono spiegarsi come esiti comuni, ossia come fasci di isoglosse e non come semplici sviluppi monoglottici, ciò sembra indicare una possibile alterità dialettale dell'Avestico Recente rispetto alla varietà di norma reputata più arcaica. D'altro canto, se, come nel caso del Medio Persiano rispetto all'Antico, non è possibile affermare che una lingua sia la diretta generatrice dell'altra, senza che si prenda in considerazione anche la presenza di varietà dialettali e di registro linguistico differente, proprio a partire da una serie di discordanze riscontrate nel sistema fonetico[45], e, in parte, anche in quello pronominale,[46] ancor più rilievo dovreb-

---

43 P. O. Skjærvø, Remarks on the Old Persian Verbal System, *MSS*, 49, 1985, pp. 211-227; come ha sottolineato Skjærvø, le occorrenze in Antico Persiano di tale nuova forma di perfetto sono così limitate (anche per via del *corpus* delle iscrizioni) che resta difficile formulare un giudizio perentorio sullo stato reale di cose. Si veda anche R. Schmitt, *Die iranischen Sprachen in Geschichte und Gegenwart*, Wiesbaden 2000, pp. 51-52. Cfr., inoltre, Th. Bynon, Evidential, Raised Possessor, and the Historical Source of the Ergative Construction in Indo-Iranian, *Transactions of the Philological Society*, 103, 1, 2005, pp. 1-72, in particolare p. 65.

44 Cfr. R. Lazzeroni, Considerazioni su *-as* > *-o* in sanscrito ed in avestico, *Studi e Saggi Linguistici*, 9, 1969, pp. 185-197; cfr. anche A. Panaino, *The Lists of Names of Ahura Mazdā (Yašt I) and Vayu (Yašt XV)*. Serie Orientale Roma XCIV, Rome 2002, pp. 99-100, note 99, 100.

45 Vedi alcuni dei casi rammentati da G. Klingenschmitt (Die mittelpersischen Pronomina *'yn* und *h'n*, neupersisch *īn* und *ān*, *MSS*, 30, 1972, pp. 93-109, in particolare alle pp. 93-94) di conservazione di *h* avanti *u* e *u̯* di contro alla (apparente) caduta di *h* in tale posizione in Antico Persiano; mantenimento di *i̯* e *u̯* postconsonantici di contro alla realizzazione *iy* e *uv* delle iscrizioni antico-persiane; differenza nel trattamento di *s* iniziale protoiranico (ap. *θ* contro mp. *s*); etc. Cfr. W. Sundermann, Mittelpersisch, in *Compendium Linguarum Iranicarum*, herausgegeben von R. Schmitt, Wiesbaden 1989, pp. 138-164, in particolare p. 139; vedi anche I. M. Oranskij, *Le lingue iraniche*. Edizione italiana a cura di A. V. Rossi, Napoli 1973 (edizione originaria con il titolo: *Iranskie jazyki*, Moskva 1963), pp. 73 e 107, n. 20.

46 Si rammenti il caso, molto discusso, dei pronomi mp. *ēn* e *ān* che si differenziano notevolmente dalla coppia a.p. *hauv* / *iyam*, a sua volta, apparentemente molto più vicina al sistema del partico (vedi W. B. Henning, Mitteliranisch, in *Handbuch der Orientalistik. Iranistik*, I, Wiesbaden 1958, pp. 20-130, in particolare p. 94). Sulla questione di veda già P. Tedesco (Dialektologie der westiranischen Turfantexte, *MO*, 15, 1921, pp. 184-258, soprattutto le pp. 215 e 248), che supponeva per *ēn* e *ān* una derivazione rispettivamente da **ai̯na-* ed **āna-*; cfr. A. Meillet (*Grammaire du vieux-perse*, deuxième édition entièrement corrigée et aug-

bero avere le "osservazioni" di Meillet[47] relative ai seguenti fenomeni in cui l'*Avesta* recente appare più conservativo:

(1.) preservazione dell'alternanza tra *s-* (divenuto *h-*) e *š-* all'inizio del pronome anaforico indo-iranico **sai̯* a seconda della vocale che eventualmente lo precedeva (av.rec. *hē* / *šē*), contro av.a. *hōi* e a.p. *šaiy*. Secondo Kellens, questa distinzione non sarebbe da spiegarsi in termini di cronologia, ma di *sandhi*; il "diascevaste" dell'*Avesta* antico avrebbe optato per la versione *padapāṭha*, quello dell'*Avesta* recente per la versione *saṃhitā*. L'esempio mi sembra poco calzante, perché, sulla scorta del modello vedico, una versione *padapāṭha* non potrebbe che essere di gran lunga recenziore (Śākalya viene collocato tra il VII ed il VI sec. a.C.). Inoltre, bisognerebbe, ad esempio, anche spiegare perché il "diascevaste" delle *Gāθā* abbia privilegiato l'allungamento delle vocali finali, mentre in una versione *padapāṭha* ci aspetteremmo le qualità vocaliche normali. Non è più facile immaginare due diverse varietà dialettali, magari differenziate da una diversa tradizione recitativa e retorico-musicale?

(2.) Il caso della preservazione della sonora *ž-* nel composto av.rec. *duž-itəm* (in accordo con ved. *duritám*) contro av.a. (loc.sing.) *dušitā* (forse da un composto *duš-iti-* "pena"), alla luce di quanto detto prima, potrebbe *non* essere spiegabile *solo* come l'esito di un *sandhi* interno (vedi, peraltro, anche il caso di *ərəš-* / *ərəž-* in composizione).

(3.) Come nell'a.p. *(h)uvāipašiya-* (pahl. *xwēš*),[48] l'Avestico Recente ha *xᵛaēpaiθiia-* (con un dittongo nella prima sillaba), mentre le *Gāθā* hanno *xᵛāpaiθiiāṯ* (*Y.* 31, 21), quindi, con *-ā-* nella prima sillaba, che è preservata in tutte le varianti attestate, nonostante tale forma appaia essere stata storpiata e malintesa nei manoscritti ove è attestata. Diverse lingue iraniche sembrano, però, presupporre (come ha indicato Gauthiot)[49] una forma **xᵛapaθi̯a-*, fatto che indicherebbe la genuinità della variante avestica antica, nonostante la *ā*.

---

mentée par E. Benveniste, Paris 1931, pp. 4-5, 67). G. Klingenschmitt (Die mittelpersischen Pronomina *'yn* und *h'n*, neupersisch *īn* und *ān*, *cit.*, pp. 94-107), dopo aver tracciato una storia degli studi precedenti, ha cercato di ricondurre tale coppia pronominale all'Antico Persiano, proponendo come antecedente di mp. *hān* (*ān*) un forma **hāu̯-nā/ă*, mentre mp. *ēn* / *īn* deriverebbe da **ai̯am-nā/ă* / **ii̯am-nā*, su cui si veda anche A. Meillet (Notes iraniennes, *MSL*, 22, 1921, pp. 219-227, in particolare le pp. 223 e seguenti).

47 Meillet, Observations critiques sur le texte de l'Avesta, *cit.*, *passim*.

48 Cfr. W. Brandenstein – M. Mayrhofer, *Handbuch des Altpersischen*, Wiesbaden 1964, p. 149.

49 R. Gauthiot, De l'accent d'intensité iranien, *MSL*, 20, 1916, pp. 1-25, in particolare p. 4.

In ogni caso, l'Avestico Recente si avvicina all'Antico Persiano con una forma differente sia da quella attestata in altri dialetti sia nell'Avestico Antico. Meillet[50] pensava, inoltre, che al ricostruito **x^{v}apaθi̯a-* stesse l'av.a. *x^{v}āpa^{i}θiia-*, così come l'av.rec. *x^{v}aēpa^{i}θiia-* starebbe all'a.p. *(h)uvāipašiya-*. Non è, però, affatto inverosimile la spiegazione recentemente avanzata da Kellens, il quale interpreta *x^{v}āpaiθiia-* come l'equivalente di ved. *su(-)* + *apatyá-* "fecondo". In questo caso, l'Avestico Antico non avrebbe termini di confronto con le altre forme antico iraniche.

Si potrebbe, però, sulla scorta di alcune considerazioni sviluppate da Eichner e Sadovski,[51] ritenere che il primo termine del composto a.p. *uvāmāršiyu-* corrisponda non (solamente) ad un possessivo **su̯o-* "*suus*", ma anche ad uno str. sg. del pronome riflessivo **su̯eh_1* > **hu̯ā*, e pertanto il composto (*bahuvrīhi*) dovrebbe avere il valore semantico di "dessen Tod durch ihn selbst (zustandegekommen) ist". Quindi, sulla base di tale presupposto, si potrebbe ritenere che la differenza tra av.a. *x^{v}ā-* ed av.rec. *x^{v}aē-* [a.p. *(h)uvāi-*] sia semplicemente riconducibile alla presenza, nel primo caso, di uno strumentale (**hu̯ā* < indo-eu. **su̯eh_1*), nel secondo di un dativo o di un locativo (av.[rec.] *x^{v}āi* < **hu̯ǎ̄i̯* < indo-europeo **su̯oi̯*), come un primo termine del composto o derivato.

(4.) L'assenza in Antico Avestico, a differenza dell'Avestico Recente, del suffisso *-āna-* nei participi presenti atematici nella diatesi media (ove, invece, si trova *-əmna-*, attestato in Avestico Recente solo per i verbi tematici), è stata spiegata da Skjærvø[52] o come il frutto di un riadattamento secondario dovuto ad un "editor" o ad un "performer", poiché tale sostituzione non avrebbe affatto inficiato la regolarità metrica del verso.[53] A

---

50 Meillet, Observations critiques sur le texte de l'Avesta, *cit.*, p. 195.

51 Ringrazio V. Sadovski che mi ha messo a giorno di tale ipotesi suscitata da una discussione a margine di un recente lavoro di J. Gippert (Zum "eigenen" Tod des Kambyses, *Fremd und Eigen. Untersuchungen zu Grammatik und Wortschatz des Uralischen und Indogermanischen in memoriam Hartmut Katz*, herausgegeben von H. Eichner, P.-A. Mumm, O. Panagl, E. Winkler, unter Mitarbeit von R. Hemmauer, S. Knopp und V. Sadovski, Wien 2001, pp. 15-26). Lo studio di Sadovski apparirà in un *excursus* dedicato a "*x^{v}aē-* vs. *x^{v}ā-* in Derivation und Komposition", in V. Sadovski, Zu einigen syntaktischen Erscheinungen im Avesta und dem Veda, in *Pragmatische Kategorien. Akten der Arbeitstagung der Indogermanischen Gesellschaft, Marburg, 24.-26. September 2007*, herausgegeben von E. Rieken und P. Widmer (in preparazione).

52 Vedi Skjærvø, The Antiquity of Old Avestan, *cit.*, pp. 27, 28-29.

53 Lo stesso Skjærvø (The Antiquity of Old Avestan, *cit.*, p. 2, n. 48) dubita del tentativo di R. S. P. Beekes (*A Grammar of Gatha-Avestan*, Leiden 1988, p. 191) di spiegare *frīnəmnā* (*Y.* 29, 5) come una forma tematica.

parte il fatto che tale argomento non è verificabile, esso contrasta con la verisimiglianza dei fatti, poiché in epoca più recente, lo standard dell'Avestico post-gāθico avrebbe indotto a conservare la desinenza *-əmna-* e non a trasformarla in *-āna-*. Questo esempio mostra che la standardizzazione del testo orale Antico Avestico non può essere sempre spiegata ricorrendo ad un appiattimento sui "patterns" *faciliores* della varietà linguistica seriore.

Sulla base di queste considerazioni credo che sia alquanto azzardato assumere una derivazione monoliticamente intesa dell'Avestico Recente dall'Antico senza presupporre la presenza di fasci di isoglosse e di varietà dialettali che, peraltro, potrebbero essere stati presenti anche nello stesso Avestico Antico. Esprimo molti dubbi che, sulla base del ristretto *corpus* gāθico, a sua volta non privo di discordanze (dialettali o di registro linguistico tra "poesia" e "prosa")[54] rispetto alla lingua dello *Yasna Haptaŋhāiti*, ben evidenziate da Kellens in termini di opposizione di scuole,[55] si possa considerare esaurita la dialettologia dell'Avestico nelle sue fasi più arcaiche; mi sembra più probabile immaginare una situazione in cui da un Proto-Avestico discendono diverse varietà, già di Avestico Antico, e quindi di Avestico Recente. Non porrei più la questione nei due schemi ad albero contrapposti da de Vaan; la nostra ignoranza del quadro storico dell'Iran nord- / centro- e sud-orientale tra il 1200 ed il 600 a.C. è talmente ampia (e, per giunta, per noi ancora così poco conosciuta) da indurci ad una notevole prudenza, che deve raddoppiare se solo pensiamo che ancor oggi, sulla base delle enormemente accresciute conoscenze della linguistica medio-iranica orientale, non siamo in grado di collocare *con precisione* l'Avestico su di una carta geografica, né possiamo determinarne l'estensione territoriale oppure i confini linguistici. In queste condizioni la perentorietà nell'uso di

---

54 Non ha torto A. Hintze (colloquio orale) a segnalare che il testo dello *Yasna Haptaŋhāiti* presenta caratteristiche retoriche e formali tali da farlo apparire ben più di un'opera redatta secondo i criteri della *Kunstprosa* e che, inoltre, secondo la tradizione avestico recente esso viene trattato come se fosse una preghiera in poesia; il vero problema, come ha, d'altro canto, sottolineato E. Pirart (colloquio orale), resta quello di stabilire se per la scuola a cui apparteneva il compositore (o, se si preferisce, ma a mio avviso meno verisimilmente, i compositori) delle *Gāθā*, ed in particolare di *Y.* 46, 17 (*yaθrā və̄ afšmānī sə̄ṇghānī nōiṯ anafšmąm* [...]), sotto la definizione di *afšman-*, n., potesse rientrare una composizione quale quella dello *Yasna* dalle sette *hāiti*.

55 J. Kellens, *Zoroastre et l'Avesta ancien*. Quatre leçons au Collège de France, Paris 1991, pp. 19-20.

argomentazioni di carattere linguistico, a mio avviso per nulla incontrovertibili, su di una cronologia storico-religiosa, disancorata da eventi senza dubbio databili e collocabili su di un asse spazio-temporale, mi sconcerta e diventa una sorta di azzardo. L'Avestico Recente si rivela a sua volta come il frutto di diversi periodi temporali e probabilmente di differenti provenienze areali, se non addirittura di culti e tradizioni religiose amalgamate in un periodo di gran lunga posteriore alla formazione del materiale mitologico da esse tramandato. Le vicende del ciclo di Yima, quelle di Miθra, la figura e le gesta di Vərəθraγna, la storia di Haoma, il mito di Tištrya, e decine e decine di altre tradizioni conservate nella letteratura innologica[56] e non solo, molte in comune con il mondo vedico, tutte contenute o abbozzate nella letteratura recenziore, sono certamente più arcaiche nella materia compositiva a cui si ispirano o a cui alludono rispetto al contenuto presente nelle stesse *Gāθā*, eppure non sono linguisticamente più antiche nel loro aspetto formale. La stessa collocazione dello *Yasna Haptaŋhāiti*, recenziore rispetto alle *Gāθā*, come asseriva von Wesendonk,[57] contemporaneo, come suppone la Narten,[58] più antico, come suggerito da Baunack,[59] pone problemi ancora irrisolti definitivamente. Che cosa significa tutto ciò? Che la rielaborazione di un *corpus* mazdaico, certamente posteriore alle *Gāθā* ha fatto ricorso al patrimonio linguistico ed etno-religioso di diverse tribù parlanti una lingua (o meglio una serie di sue varietà) che ricadono sotto la definizione di Avestico. Potenzialmente le due varietà maggiori a noi note possono essere state impiegate anche in contemporanea e, comunque, non si può escludere che vi fossero sacerdoti capaci di fare uso di entrambe a seconda dei casi; anzi, dobbiamo immaginare che, almeno ad un certo punto della storia religiosa del Mazdeismo, questa fosse la regola, una volta che si fu stabilizzata la cerimonia dello *Yasna* e che il clero ebbe iniziato ad elaborare

---

[56] A. Panaino, Gli *Yašt* dell'Avesta: metodi e prospettive, *Atti del Sodalizio Glottologico Milanese*, 30, 1989 (1992), pp. 159-184; idem, *L'innologia avestica*, in *L'inno tra rituale e letteratura nel mondo antico. Atti del colloquio, Napoli, 21-24 ottobre 1991. AION*, Dipartimento di Studi del Mondo Classico e del Mediterraneo antico. Sezione Filologico-Letteraria XIII (1991). Roma 1993, pp. 107-123; idem, Philologia Avestica I. *ahuraδāta- / mazdaδāta-*, *Aula Orientalis*, 10, 1992, pp. 199-200.

[57] O. G. von Wesendonk, *Die religionsgeschichtliche Bedeutung des Yasna haptaŋhāti*, Bonn und Köln 1931.

[58] J. Narten, *Der Yasna Haptaŋhāiti*. Wiesbaden 1986.

[59] Th. Baunack, *Studien auf dem Gebiete des Griechischen und der arischen Sprachen*. Erster Band. Zweiter Teil. VI/1: *Die drei wichtigsten Gebete der Parsen mit ihren Commentaren und das siebenteilige Gebet*, Leipzig 1886, pp. 301-475.

speculazioni sui *mąθra* gāθici, che, per esempio, Kellens e Pirart hanno ben circostanziato nelle loro ricerche degli ultimi anni.[60] Che siano passati quattro secoli di intervallo appare come una deduzione basata su di un modello teorico, che, però, non mi sembra tenere in considerazione l'oscurità dei dati storico-politici ed economici dell'area iranica orientale, la cui situazione non presenta sconvolgimenti particolari tra la fine del II millennio e l'inizio dell'età achemenide;[61] ad esempio, ci si deve chiedere come sia stato possibile che per quattro secoli il clero mazdaico zoroastriano, verisimilmente in espansione, si fosse accontentato di una letteratura così striminzita come quella delle *Gāθā* e dello *Yasna Haptaŋhāiti* (due opere, come si è visto, dal reciproco rapporto cronologico affatto complesso e ambiguo) e che le speculazioni su tali testi siano state accolte solo dopo così tanto tempo.[62] Più che quattro secoli oscuri sembrano quattro secoli di "afasia", ma niente nell'area iranica orientale farebbe immaginare una situazione di collasso quale quella del cosiddetto Medioevo ellenico, dopo la caduta dei Micenei[63] e sino alla manifestazione della letteratura omerica, né il confronto con la tradizione vedica ci aiuta a capire il perché di una tale frattura silente.

Inoltre, per quanto le *Gāθā* siano così antiche linguisticamente, noi non dobbiamo cadere in una sorta di miraggio cronologico, soprattutto per via della presenza delle laringali: è necessario riflettere sul vero peso da attribuire alla restituzione del valore bisillabico dovuto alla presenza di una antica laringale nella recitazione metrica del testo. Infatti, non possiamo di-

---

60 Cfr. E. Pirart, Les fragments vieil-avestiques du Y. 56, *MSS*, 52, 1991, pp. 127-135.

61 M. Liverani, *Antico Oriente. Storia* [–] *società* [–] *economia*, Roma – Bari [5]2000 (prima ed. 1988), p. 911; idem, *Oltre la Bibbia. Storia antica di Israele*, Roma – Bari 2003, pp. 223-234.

62 Il fatto che nell'*Avesta Recente* si parli della *daēnā- māzdaiiasnī-* come se si trattasse di una "religione" ormai affermata non chiarisce nulla sul piano cronologico; infatti, di tale *daēnā-* non si parla nelle iscrizioni achemenidi, ma ciò non significa che alcuni Achemenidi fossero non solo Mazdei, ma anche Zoroastriani, né si devono postulare in termini assoluti quattro secoli, perché una scuola religiosa si potesse affermare sulle altre, sempre ammesso che tale determinazione fosse in origine effettivamente esclusiva dei Mazdei zoroastriani, giacché appare possibile, anche se non certo, che vi potessero essere altre scuole mazdaiche non strettamente zoroastriane. Purtroppo la nostra ignoranza sulle dinamiche di diffusione del "messaggio" gāθico (sia che lo si voglia assumere come esclusivamente rituale, sia che gli si attribuisca, al contrario, una valenza etica) ci impedisce di essere perentori sull'argomento.

63 Il paragone non è ozioso, giacché Skjærvø (The Antiquity of Old Avestan, *cit.*, pp. 37-38) presuppone una certa contemporaneità tra le fonti hittite e micenee e la composizione delle *Gāθā*.

menticare che, con ogni verosimiglianza, le *Gāθā* erano cantate e salmodiate in modo particolare, con alcune peculiarità che si sono conservate sino al momento in cui sono state messe per iscritto attraverso una redazione che ne ha demarcato, anche nell'ortografia, alcune caratteristiche distintive. Nulla vieta di pensare che un sacerdote mazdeo potesse comporre un canto o una serie di canti secondo un modulo che attribuiva a tutta una serie di forme nominali e verbali un valore diverso da quello puramente isosillabico dell'Avestico Recente. Saremmo allora in presenza di un tratto conservativo, retorico, metrico, poetico e musicale, che riflette ancora l'esito prodotto dall'antica presenza delle laringali, ma non la loro effettiva realizzazione, altrimenti anche l'ortografia avestica antica sarebbe stata, nonostante la recenziorità della sua introduzione, alquanto differente, con la creazione di nuovi segni per indicare la bisillabicità di un *dāṯ* (**daHat* > **da'at*) congiuntivo rispetto a un *dāṯ* (**daHt*) di ingiuntivo. Mi sembra alquanto improbabile che quel che noi chiamiamo iato, fosse effettivamente realizzato come tale, caratteristica che renderebbe l'Avestico veramente unico e bizzarro rispetto alle altre lingue indoeuropee, ma che fosse la differenza quantitativa di nuove vocali ultralunghe ad essere stata distinta nettamente nel canto. Altrimenti dovremmo chiarire la cronologia dell'allungamento delle vocali indo-iraniche a seguito del contatto con una laringale; esse allungavano e producevano anche uno iato? Oppure, semplicemente, tra due vocali, allungavano, come nel caso già menzionato la vocale precedente che si fondeva con quella successiva, dando così origine, nella realizzazione fonetica e articolatoria, ad uno *spelling* bisillabico, ben preservato soprattutto nella realizzazione cantata e metrica? Ho, talora, l'impressione che si tratti la laringale come se fosse il "digamma" del greco omerico, da restituirsi nonostante non sia scritto. Ma il fatto su cui propongo di riflettere accuratamente, ovvero realisticamente, è che la situazione si presenta in modo del tutto differente, come, piuttosto, testimonia la stessa ortografia dell'Avestico Antico.

In tale contesto, anche il tentativo recentemente proposto da Skjærvø di assumere che "the original Old Avestan was closer to proto-Avestan than our texts indicate",[64] in modo da poter giustificare le altre numerose divergenze tra le due varietà, che allo stesso studioso appaiono impossibili da ricondurre,[65] nella forma attestata nei manoscritti a noi tràditi, all'Avestico Antico, non mi sembra risolutiva. Trasformando la *Vorlage* delle *Gāθā* e degli altri testi composti nella stessa varietà in una forma di Proto-Avestico,

---

[64] The Antiquity of Old Avestan, *cit.*, p. 32.
[65] The Antiquity of Old Avestan, *cit.*, pp. 29-32.

tanto arcaico da assomigliare al Proto-Iranico, si propone, a mio avviso, un modello antistorico e antifilologico: antistorico, perché proiettando in un passato remoto il contesto di composizione delle *Gāθā*, lo si stempera in un periodo indefinibile, per parafrasare una battuta di Hegel (nella *Fenomenologia dello Spirito*) contro il *noumeno* kantiano e di Marx (nella *Critica del programma di Gotha*), in cui "tutte le vacche sono nere" e di cui si può dire tutto ed il suo contrario; antifilologico, perché se riconosciamo alla tradizione orale, nonostante tutte le sue traversie, una sua dignità, visibile peraltro nell'impressionante fedeltà delle *Gāθā* ad un modello estremamente arcaico, non si può poi ricorrere all'opera dei "trasmettitori" del testo e successivamente degli scribi sasanidi per spiegare tutte le contraddizioni dell'*Avesta*. Se, infatti, il testo è stato fissato oralmente, secondo pratiche mnemotecniche precise e tendenzialmente conservative, altrimenti le *Gāθā* sarebbero state ritrascritte secondo i *patterns* dell'Avestico Recente (fatto vero solo in parte limitata), mi sembra difficile poter immaginare che lo *status* originario di tali testi sia stato più volte modificato, senza però terner conto del fatto che potevano esistere più scuole e più varietà dialettali *ab antiquo*, messe in ordine attraverso la redazione sasanide, che però non avrebbe mai potuto stravolgere la tradizione.

Tutte le congetture sono lecite ed utili – io stesso ne propongo inevitabilmente –, ma la filologia come disciplina storica non può disancorarsi dai testi e dalla loro versione scritta, altrimenti si apre una *terra incognita* ben peggiore di quella spalancatasi con la teoria avanzata da Andreas. La stessa ipotesi secondo la quale anche l'Antico Persiano sarebbe un tardo discendente dall'Antico Avestico,[66] può abilmente spiegare qualche fenomeno linguistico, ma presuppone che tra Proto-Avestico e Proto-Iranico non vi sia di fatto alcuna sostanziale differenza. Tale asserzione implica non solo una ridefinizione completa di tutta la dialettologia iranica antica secondo un modello monolitico, che tramuta le protolingue in una realtà effettiva e non in un modello teorico di riferimento. Inoltre, il fatto che Avestico Recente ed Antico Persiano condividano[67] (1) la generalizzazione di *-t*, ossia del morfema caratterizzante l'ablativo singolare, in origine impiegato solo nei temi in *-a-*, in contrasto con l'uso avestico antico che ha preservato la desinenza di genitivo/ablativo, fatta eccezione per la declinazione dei temi in *-a-*, (2) la presenza del tema pronominale *di-* (al posto di alcune forme del

[66] The Antiquity of Old Avestan, *cit.*, pp. 33-35; in particolare si veda p. 35 alla fine.
[67] The Antiquity of Old Avestan, *cit.*, pp. 33-34.

tema *i-* antico avestico),[68] (3) l'uso dell'ottativo per indicare un'azione abituale o ripetuta nel passato (in Antico Persiano, come, ma solo talora, in Avestico Recente, la presenza dell'aumento) ed, infine, (4) l'impiego del pronome relativo come predecessore dell'*ezafe*, può spiegarsi in diversi modi: se tali caratteristiche (delle quali, però le prime due sono abbastanza incerte) si sono sviluppate da una forma di Antico Iranico precedente alla differenziazione tra Avestico Recente e Antico Persiano poco prima della fine del II millennio a.C., come suppone Skjærvø,[69] allora, bisogna immaginare che proprio tale forma di Proto-Iranico si fosse già differenziata da quella da cui era scaturito l'Antico Avestico; ma se immaginiamo il Proto-Iranico come una lega linguistica costituita da tribù iraniche, che già in epoca preistorica avevano sviluppato differenze dialettali e areali nel corso dei loro continui spostamenti, oltre che conservare un comune bagaglio etnolinguistico comune, allora si può immaginare che tali fenomeni comuni rappresentino la realizzazione di una serie di isoglosse che si sono diffuse in un'area verisimilmente più orientale di quella dell'Avestico Antico, e che, peraltro, sarebbe stata maggiormente esposta, da epoca più antica, ad alcuni fenomeni comuni con il Vedico che non si trovano nelle *Gāθā* ed in altri testi antichi. Non è, altresì, impossibile escludere che alcuni fenomeni, forse contenuti *in nuce* in alcune varietà e registri linguistici del Proto-Iranico (o di una sua corrente), abbiano poi trovato una realizzazione effettiva in epoche posteriori, come sviluppi paralleli. Inoltre, se gli antenati dei Persiani e del popolo che parlava l'Avestico Recente, entrambi considerati a questo punto come discendenti di coloro che avevano già composto i più antichi monumenti orali della letteratura iranica, ci aspetteremmo una più stretta adesione dei Persiani allo Zoroastrismo e non ad una forma, per certi versi, anodina di Mazdeismo. Fosse stato Zaraθuštra non un personaggio storico, ma un semplice prototipo mitologico del poeta-cantore degli Iranici, la sua autorità avrebbe avuto un peso maggiore nell'Iran occidentale rispetto a quanto conosciamo.

Senza, perciò, voler polemizzare, si può mantenere la distinzione tra Avestico Antico ed Avestico Recente, intendendola, però, in termini di cronologia linguistica puramente comparativa rispetto alla *facies* delle due varietà, ma non necessariamente ed in tutti i casi in termini di cronologia storica.

---

[68] Se si accetta la spiegazione proposta da Skjærvø (The Antiquity of Old Avestan, *cit.*, p. 33, n. 56).

[69] The Antiquity of Old Avestan, *cit.*, pp. 33-34.

Meglio sarebbe, forse (e senza per questo ricadere nell'ambigua denominazione prescelta da Bartholomae, che inevitabilmente chiamava gāθico anche testi che non appartenevano alle *Gāθā* e che, designando come "recente" l'altra tradizione letteraria, presupponeva logicamente l'arcaicità della prima, senza essere, d'altro canto, veramente esplicito sulla questione), assumere una diversa denominazione: "Standard Avestan" ovvero "Avestico Standard", anziché "Avestico Recente", rispetto ad un "Gāθico" e ad un "Avestico haptaŋhāitico", ossia proprio dello *Yasna dai sette capitoli*. Tali due varietà più arcaiche corrisponderebbero più in generale all' "Avestico Non-Standard", in cui ricadrebbero anche le preghiere composte nella stessa varietà. Altrimenti, si potrebbe, come suggerito dal mio collega Adriano Valerio Rossi, limitarsi a separare un "Avestico A" da un "Avestico B", ma, forse, sarebbe troppo. In ogni caso, l'importante è capirsi, anche nella diversità, nonostante l'uso di una terminologia comune.

La mia critica non ha, quindi, alcuna finalità polemica, ma è mossa solo dal desiderio di verificare alcuni modelli differenti, procedendo secondo il principio invalso oramai anche al di fuori delle cosiddette scienze "dure", come, *e.g.*, la fisica e che, sulla scorta di K. R. Popper[70] induce al confronto tra "cornici" diverse attraverso un processo di falsificazione dei modelli avanzati. Se tali "modelli" reggono alla critica, essi sono – si badi bene – non necessariamente "veri", ma credibili ed utilizzabili, in mancanza di dati assolutamente certi, come strumento di indagine e di ricostruzione; se, invece, si riesce a dimostrarne i lati deboli od a falsificarne i presupposti, allora si deve trarre dalla critica un impulso maggiore verso una formulazione nuova e più soddisfacente. Per parte mia, non ho alcuna pretesa di proporre un modello "vero" in termini assoluti, ma solo un modello alternativo, una sorta di ipotesi di lavoro, che possa tener conto delle contestazioni qui avanzate e che, con i suoi limiti, sia in grado di rispondere meglio ad alcuni problemi.

Come si è visto, la tesi secondo la quale l'Avestico Recente (*alias* standard) sarebbe geneticamente derivato da quello Antico (*alias* gāθico o non standard) è oggettivamente falsificabile; per questa ragione, la possibilità che si sia in presenza di varietà dialettali e non diacroniche non può

---

70 Cfr. K. R. Popper, *Le fonti della conoscenza e dell'ignoranza*, Bologna 2000 (titolo originale, *On the Source of Knowledge and of Ignorance*, in *Conjectures and Refutations. The Growth of Scientific Knowledge*), London 1969: idem, *Il mito della cornice. Difesa della razionalità e della scienza*, Bologna 2004 (titolo originale: *The Myth of the Framework: In Defence of Science and Rationality*, London 1994).

essere affatto esclusa, con tutte le sue conseguenze potenziali, che non hanno statuto di verità indiscutibile – desidero ribadirlo –, ma di ipotesi di lavoro aperta e non dogmatica. Allo stesso modo, la soluzione secondo la quale tutte le incongruenze potrebbero essere spiegate attraverso gli incidenti occorsi nella fase di definitiva fissazione del testo,[71] in piena

---

[71] Colgo l'occasione per sottolineare che il termine "canonizzazione" utilizzato da molti miei colleghi per definire la stabilizzazione orale della materia compositiva transitata successivamente nella versione scritta è del tutto improprio. La canonizzazione presuppone, infatti, un "Canone", ossia un testo scritto e definitivamente fissato e standardizzato da una Chiesa e da un'autorità centrale. Che una tale operazione potesse essere realizzata in un'epoca tra l' 800 ed il 600 a.C., mi sembra del tutto inverosimile, giacché nessun dato ci autorizza a pensare che tutte le scuole religiose mazdaiche di tale periodo sottostassero ad una siffatta struttura gerarchica; il fatto, peraltro, che i sistemi di misura usati nel *Wīdēwdād* si ispirino alla tradizione ellenistica mostra la recenziorità di alcune parti di tale opera (cfr. W. B. Henning, An Astronomical Chapter of the *Bundahishn*, *JRAS*, parts 3/4, 1942, pp. 229-248 [ristampato in idem, *Selected Papers*, vol. II, *Acta Iranica* 15, Téhéran – Liège 1977, pp. 95-114]). Ciò non significa che non ci fosse sin dalle epoche più antiche una circolarità del materiale orale e che molti testi orali non avessero ricevuto una sorta di standardizzazione (mi ricordo che I. Gershevitch usò per le *Gāθā*, a voce, nell'ultimo incontro che ebbi con lui a Cambridge, il termine di "permafrostizzazione"); ma che tale processo fosse omogeneo e che non esistessero varietà di scuola, nell'intonazione, nella recitazione, nella prassi rituale, appare come una sorta di divinazione *a priori*. Se guardiamo su di una carta geografica alle diverse aree alle quali allude il primo capitolo del *Wīdēwdād* (su cui si veda ora un contributo recente di F. Grenet [in stampa]; cfr. anche Gh. Gnoli, *Avestan Geography*, in *Encyclopædia Iranica*, ed. by E. Yarshater, vol. III/11, London – New York 1987, pp. 44-47), si prova un certo imbarazzo nell'immaginare una canonizzazione univoca dell'*Avesta* tanto per i testi orali, quanto per le modalità rituali allora impiegate in epoca molto antica. L'unica canonizzazione vera resta solo quella sasanide, attraverso la quale un gruppo scelto di sacerdoti particolarmente competenti, provenienti da tutte le parti dell'Iran, e verisimilmente portatori di tradizioni, *spellings*, *performances* rituali, etc. diversi, trasmise ad un'altra *élite* di sacerdoti detentori di un potere centrale (quindi, dovrebbe trattarsi di *élite* persiana) di fare una selezione, una standardizzazione ed una canonizzazione anche dal punto di vista teologico. Da tale operazione sarebbe nato l'*Avesta* sasanide, in 21 *Nask*, almeno secondo quanto possiamo evincere dai libri VIII e IX del *Dēnkard* (cfr. J. Kellens, *Avesta*, in *Encyclopædia Iranica*, III/1, London – New York 1987, 35-44); purtroppo noi non possediamo affatto tale redazione, che doveva avere soprattutto un impiego di carattere "scolastico" e teologico, ma solo una sua parte sopravvissuta alle traversie occorse in seguito all'invasione islamica, per via della sua costante utilizzazione liturgica. Non a caso, diverse parti dello *Yasna*, inteso come opera rituale, appartengono di fatto a *Nask* differenti, mentre gli *Yašt* in gran parte ricadevono in un altro *Nask* (per esempio, *Y.* 9-11 appartenevano al *Bagān Yašt Nask* (settimo del *Dādīg*), *Y.* 14-16 allo *Stōt Yašt Nask* (primo del gruppo *Gāsānīg*), *Y.* 19-21 al *Bag Nask* (quarto del *Gāsānīg*), *Y.* 22-26, *Y.* 27, le *Gāθā* e lo *Y.H.* nuovamente allo *Stōt*, *Y.* 58

epoca sasanide, si dimostra un abile sotterfugio, ma pur sempre un sotterfugio, giacché non conosciamo affatto alcun dettaglio pratico sulla prassi adottata dagli scribi sasanidi per la redazione del Canone avestico.

---

allo *Hādōxt Nask* (sesto del *Gāsānīg*), mentre la collocazione delle altre parti non può essere determinata con sicurezza (cfr. K. F. Geldner, *Awestalitteratur*, in *Grundriss der Iranischen Philologie*, II. Band, Strassburg 1904, 1-74, in particolare p. 19). L'unico *Nask* interamente tramandato sembrerebbe essere quello contenente il *Widēwdād* per via proprio del suo impiego rituale. Se vi fossero importanti differenze tra la versione liturgica e quella dei *Nask* è a noi ignoto, ma soprattutto ci è ignoto qualche cosa di più importante: la versione liturgica, ad esempio, dello *Yasna*, era la medesima in tutto il territorio popolato da popolazioni mazdaiche, oppure vi erano divergenze di scuola e di tradizione? In via ipotetica, direi di sì, almeno sino alla canonizzazione, ovvero sino all'imposizione di un testo e probabilmente di uno standard liturgico, che, come è accaduto anche nella storia del Cristianesimo, non avrà mai potuto subire un processo di omologazione e di cancellazione delle abitudini locali totale e definitivo. Un altro problema concerne l'esistenza o meno di altre varietà scritte dell'Avesta, o almeno di sue porzioni, in una versione precedente quella canonica. In altri termini, il fatto che l'ipotesi di C. F. Andreas (*Die Entstehung des Awesta-Alphabetes und sein ursprünglicher Lautwert*, in *Verhandlungen des XIII. Internationalen Orientalisten-Kongresses, Hamburg, September 1902*, Leiden 1904, pp. 99-106) sia stata demolita (cfr. W. B. Henning, *The Disintegration of the Avestic Studies*, "Transactions of the Philological Society", 1942, pp. 40-56; G. Morgenstierne, *Orthography and Sound-Systems of the Avesta*, "Norsk Tidsskrift for Sprogvidenskap", 12, 1942 (1944), pp. 30-82; H. S. Bailey, *Zoroastrian Problems in the Ninth-Century Books*, Oxford 1943 (reprint with a new intr. Oxford 1971) implica solo che non è possibile spiegare il testo avestico a noi tramandato sulla base di una trascrizione meccanica di una *Vorlage* non vocalizzata, ma ciò non esclude affatto che esistessero testi scritti e non solo fonti orali, giacché lo stesso Dēnkard ne fa riferimento (cfr. H. Humbach – Josef Elfenbein – P. O. Skjærvø, *The Gāthās of Zarathushtra and the Other Old Avestan Texts*, I-II, Heidelberg 1991, vol. I, pp. 52-53); tale *Vorlage*, infatti, non ha determinato significamente la creazione dell'*Avesta* sasanide, ma noi non possiamo escluderne affatto l'esistenza. A proposito dell'esistenza di altro materiale di carattere zoroastriano, si rammenti che Mani *Kephalaia* (cfr. Polotsky, in H. J. Polotsky – A. Böhlig, *Kephalaia*, Bd. I., Stuttgart 1940, p. 7) fa riferiferimento ai libri dei sacerdoti mazdei; inoltre, una preghiera antico iranica ad Ahura Mazdā in scrittura aramaica è stata identificata da M. N. Bogolyubov (*Molitva Achuramazde na drevneiranskom jazyke sredi aramejskich nadpisej iz Arebsuna*, in *Istorija iranskogo gosudarstva i kul'tury*, Moskva 1971, pp. 277-285, 347); vale la pena anche di menzionare una versione antico sogdiana dello *Aṣ̌əm vohū*, scoperta da I. Gershevitch (apud N. Sims-Williams, The Sogdian Fragment of the British Library, *Indo-Iranian Journal*, 18, 1976, pp. 43-82, in particolare le pp. 74-82) in un frammento manicheo. Cfr. anche A. Panaino, s.v. *Avesta*, in *Religion in Geschichte und Gegenwart. Handwörterbuch für Theologie und Religionswissenschaft*. Vierte, völlig neu bearbeitete Auflage. Herausgegeben von H. D. Betz, D. S. Browning, B. Janowski, E. Jüngel. Band 1, *A-B*. Tübingen 1999, pp. 1024-1026.

Che, infatti, Zaraθuštra[72] sia esistito o meno, e che sia vissuto nel X o nel VII secolo, non cambia nulla nella mia personale visione del mondo o nella mia interpretazione del *Dasein*, giacché non ho alcun investimento di ordine teologico, religioso o identitario nella tradizione zoroastriana, che resta per me solo un oggetto di studio, per quanto entusiasmante, ma pur sempre un oggetto scientifico e non una fede alla quale aderire. Se emergessero dati differenti, che portassero a falsificare quanto da me sottolineato, non esiterei a modificare lo schema interpretativo, la cronologia e tutte le ipotesi di lavoro che sino ad ora ho avanzato, così come si deve fare nelle scienze, siano esse "esatte" o "storiche", ma pur sempre scienze.

---

[72] Ho già espresso in una mia recente monografia – A. Panaino, *Rite, parole et pensée dans l'Avesta ancien et récent.* Quatre leçons au Collège de France (Paris, 7, 14, 21, 18 mai 2002). Éd. par Velizar Sadovski, con la collaboration rédactionnelle de Sara Circassia. (*Sitzungsberichte der ÖAW, Phil.-hist. Klasse*, 716 / *Veröffentlichungen zur Iranistik*, 31), Wien 2004 – le ragioni che mi inducono a ritenere più verisimile l'esistenza di tale personaggio; aggiungo che l'ipotesi secondo la quale una sorta di profeta non potesse comporre, nel contesto di una particolare scuola, una serie di Canti, perché un tale ambito orale avrebbe imposto modalità altre di diffusione praticamente impossibili nel caso di un'opera individuale, mi sembra del tutto discutibile. Infatti, l'idea che le società primitive ed orali siano prive di storia, di crisi e di cambiamenti e innovazioni, e quindi assolutamente estranee ad influssi significativi di individui prestigiosi, è a mio avviso antistorica e fondata su di un modello delle società arcaiche che non posso condividere.

VELIZAR SADOVSKI

EPITHETA UND GÖTTERNAMEN IM ÄLTEREN INDO-IRANISCHEN: DIE HYMNISCHEN NAMENKATALOGE IM VEDA UND IM AVESTA

(*STILISTICA INDO-IRANICA*, I.)

EINLEITUNG

Im Zuge einer umfangreichen Untersuchung zu den sprachlichen Ausdrucksformen des älteren Indo-Iranischen[1] bin ich auf einen Themenbereich gestoßen, welcher in der bislang ohnehin sporadischen Forschung zur Epithetabildung im Altiranischen nicht ausreichend berücksichtigt wurde. Es handelt sich dabei um die Herausbildung und Gestaltung von dichtersprachlichen Epitheta-*Systemen* nach *semantischen* und *formalen* Prinzipien: Genauer gesagt – um die stilistische Verwendung von *habituellen* und *okkasionellen Götter-Epitheta* in solchen Systemen und die Entwicklung neuer Entitäten durch den „Systemzwang" einer *seriellen Analogie.*

Denn sowohl im Iranischen als auch im Indischen existieren neben den ererbten, usuellen Beiwörtern zahlreiche weitere Götterbezeichnungen, die in eigenen Listen, den sogenannten *Götternamen-Hymnen und -Katalogen*, überliefert sind. Hier werden bestehende Traditionsmuster systematisch kombiniert, aber auch innovativ ergänzt und umgestaltet und somit Epitheta zum Teil nach rein analogischen Prinzipien zustandegebracht. Diese neuen Epiklesen bzw. 'Namen' beginnen dann ein selbständiges Leben, emanzipiert vom okkasionellen Kontext ihrer Entstehung. Und sie werden aufgrund ihres prestigeträchtigen, hochsakralen Charakters auch im *Personennamen*bereich stark eingesetzt, gelten sie doch als *geoffenbart* durch die Gottheit – im Avesta etwa durch Ahura Mazdā oder Vaiiu, im altindischen Epos durch Viṣṇu oder Kr̥̥ṣṇa – selbst.

Im vorliegenden Beitrag werden einige dichtersprachliche Mechanismen der Systematisierung und Neubildung von Epitheta und Epiklesen am Beispiel der Götternamen-Kataloge in den beiden Schwestersprachen untersucht (zwei weitere, komplementäre Darstellungen zu Morphologie bzw. Semanitik der indo-iranischen Eigennamen erscheinen in SADOVSKI 2006c bzw. 2007b[2]). Berücksichtigt werden hier nicht nur rein semantische Parameter der Gruppierung und Analogieentwicklung, sondern auch speziell *formal-*

[1] Die Ergebnisse dieser Studien werden im Rahmen der *Sitzungsberichte der Österreichischen Akademie der Wissenschaften* in den Reihen *Veröffentlichungen zur Iranistik* und *Iranische Onomastik* sukzessive erscheinen.

[2] Ihr spezifischer Skopos sind der formale Aufbau bzw. die semantische Vielfalt der (v.a. zusammengesetzten) Personennamen, wobei aber auch systemhafte Phänomene bei der Namengebung in Verwandtensippen (unter Beachtung analoger Gestaltungsprinzipien in Namen- und Epiklesenlisten der mythologischen Sphäre) berücksichtigt werden.

stilistische Aspekte im Ausdrucksplan. Wenden wir uns zunächst dem jeweiligen Material im Indischen und im Iranischen zu.

I. EPITHETA- UND NAMENKATALOGE: INVENTAR, GATTUNGSCHARAKTERISTIK UND STRUKTUR

1. Das *Inventar* und der *formale Aufbau* der belegten Namen-Hymnen wird hier zum Überblick in tabellarischer Form dargestellt.[3] Die im Indo-Iranischen vorhandenen Repräsentanten des Genre lassen sich in der ersten Spalte der Tabelle subsumieren. Der Gattungstypus ist sowohl im Avestischen **(§ 1.1.)** als auch in zoroastischen Texten in Pāzand, Pārsī und Gujarātī **(§ 1.2.)** sowie andererseits in einer ganzen Reihe von vedischen und (insbesondere) Sanskrit-Werken **(§ 1.3.)** vertreten (s. Tabelle):

[3] Eine Übersicht über die Typologie und die verschiedenen Formen der Komposition der Kataloge gibt mein Beitrag im Rahmen des *Sixth Biennial Conference of Iranian Studies* in London (hier als SADOVSKI, *BCIS* angeführt) – so z.B.: Offenbarung der Gottesprädikate durch die Gottheit selbst [„Ich-(bin-*X*)"-Form]; Prädikationsaussagen über die Gottheit in dialogischer Form [„Du-(bist-*X*)"-Form]; Doxologie [Formel: „Verehrung (sei) + *Gottesepitheton*"] oder Aufzählung im Nominalstil [„*X* (ist) *Y*"] von Namen nach Wirkungsbereichen der Gottheit [„Er/Sie-(ist-*X*)"-Form], usw.

1. Namenkataloge: Repräsentanten des Genre im Indo-Iranischen:

1.1. Avestische Namenlisten:
- **(a.)** Erste Liste der Namen von Ahura Mazdā: Yt. 1,7-8.
- **(b.)** Zweite Liste der Namen von Ahura Mazdā: Yt. 1,12-15 (zwei Sublisten).
- **(c.)** Namen von Vaiiu: Yt. 15,43-47 [und Yt. 15,57]. (s.u., § **I.1.1.a-c**: zuletzt ed. PANAINO).[4]
- **(d.)** *frauuaṣ̌i*-Katalog: Yt. 13,95-142 (ed. MALANDRA; Komm. SCHMITT 2003a).

1.2. Weitere iranische/iranisch geprägte Kataloge der Namen von Ahura Mazdā:
- **(a.)** Pāzand: ed. ANKLESARIA; ANTIA.
- **(b.)** Pārsī: ed. MODI; PANAINO.
- **(c.)** (Alt-)Gujarātī: ed. DOCTOR – PHALIPPOU.

1.3. Indische Nāmastotras:
- **(a.)** (Yajur-)Veda: Śatarudrī̆ya (KS, MS, TS, VS)
- **(b.)** Epos: Viṣṇu- und Śivasahasranāmastotra (Mbh.+).
- **(c.)** Purāṇas.[5]
- **(d.)** Hinduistische Stotra-Hymnographie, z.B.: Saṃkaṣṭanāśana-Gaṇeśastotra (Ed. und Übers. BÜHNEMANN 1984: 87-90 und 1986: 32).
- **(e.)** Tantra: z.B. Mahānirvāṇa-Tantra 7,8ff. etc.
- **(f.)** Späteres.[6]

1.4. Typologische Parallelen:
- **(a.)** Früh-/Altgriech. Götternamenkataloge (Homer, Hesiod: z.B. Nereiden, Okeaniden, Musen etc.).
- **(b.)** Altägyptische Götternamenkataloge.
- **(c.)** Babylon: Liste der Namen Marduks.
- **(d.)** Listen der Epitheta (Namen) Allāhs – kurze/erweiterte Versionen.

2. Formaler Aufbau: sakral beladene Anzahl der Götternamen. Geläufige Grundtypen:
- **(a.)** **12 Namen** – von Gaṇeśa (z.B. Saṃkaṣṭanāśana-Gaṇeśastotra), Viṣṇu, Śrī/Lakṣmī etc.
- **(b.)** **20 Namen** – erste Namenliste von Ahura Mazdā (Yt. 1,7-8).
- **(c.)** **50 Namen:**
- **(c'.)** „50" Namen von Vaiiu (Yt. 15,43-47).
- **(c''.)** Zweite Namenliste von Ahura Mazdā, s.u., § **I.1.1.** mit Fn. 8.
- **(c'''.)** „50" Namen der Nereiden bei Hesiod, Theog. 240-264 (s.u. § **IV.3.1.2.**).
- **(d.)** **99 Namen** – klassische arab. (Kurz-)Liste der Epitheta/Namen Allāhs, ed. GIMARET.
- **(e.)** **100 Namen** – Standardversion des Śatarudrī̆ya (Ed./Übers. WEBER; EGGELING; KEITH etc.); Mahānirvāṇa-Tantra etc.
- **(f'.)** **101 Namen** – von Ahura Mazdā (*sad-o-yek nām-e Xodā*: s. in § **I.1.2.**).
- **(f''.)** Gujarātī-Variante mit **125 Namen**, s.u., Fußn. 13.
- **(g.)** **108 Namen** – von Viṣṇu, Lakṣmī etc. (Pur.; ebenda auch Var. mit **300 Namen** [z.B. Viṣṇu]).
- **(h.)** **200 Namen** – übliche Langversionen der Liste mit Epitheta (Namen) Allāhs (Komm. GIMARET 1988; cf. zuletzt MOLLA-DJAFARI 2001).
- **(i'.)** **1000 Namen** – Standardversionen des Viṣṇusahasranāma (Mbh. 13,17,30ff.), Śiva-, Durgā-, Pārvatī-, Lakṣmī-, Gaṇeśa-, Lalitā-, Sūrya-, Radhakr̥ṣṇa-, Gaṅgā-, Subrahmaṇya- etc. -sahasranāma[stotra].
- **(i''.)** Var.: **1001 Namen**: von Ohrmazd in Katalogen in Pārsī etc. (PANAINO 2002: 20f.).
- **(j.)** **1008 Namen** – Var. von **(i.)**, s.u. § **I.2.** mit Lit.:
  - jeweils unter Wiederholung bestehender oder Hinzufügung von Zusatznamen.
  - Omen-Charakter der 'Glückszahl 8' (*aṣṭakā*);
  - Präventivkompensation/Sühne für evtl. beim Namengebet vergessene/ausgelassene Namen.

---

4 Zu den in den jeweiligen Paragraphen der Tabelle stichwortartig angeführten Werken und Einzeleditionen s. mit weiteren Details die darauffolgende Darstellung, § **I.1.–I.5**.

5 Namenlisten sind ein immanenter Bestandteil z.B. des Vāyu-, Brahma-, Vāmana-, Skanda-, Liṅga-, Gaṇeśa-, Nārada-Purāṇa etc. (zu den Dmm. und deren Ausgaben ausführlich

1.1. Im Avesta gehören dazu die *Erste Liste* der *Namen von Ahura Mazdā* aus Yt. 1,7-8 **[§ 1.1.(a.)** der Tabelle], mit ihren 20 Elementen.[7] Eine erweiterte Variante tritt in der *Zweiten Liste*, jener der „*50* [54] *Namen*"[8] Ahura Mazdās von Yt. 1,12–15 **[§ 1.1.(b)]** auf. Und schließlich folgt die (zum Teil als ihre Replik gestaltete) *Liste der Namen des Vaiiu* von Yašt 15[9] **[§ 1.1.(c.)]**. Zu den *Götternamenlisten* gesellt sich außerdem **[§ 1.1.(d)]** in Yašt 13 ein *Memorial-Katalog* der *frauuaṣ̌i-* (bzw. der Personennamen) der ersten Angehörigen der zoroastrischen Glaubensgemeinde.[10] Im Avesta werden mehr als 65% des ganzen *Personennamen*-Wortschatzes (276 oder 277 von etwa 422 verzeichneten PNN[11]) durch diese Aufzählung geliefert, ein beträchtlicher Teil der theophoren Namen weist dabei Pendants in den *Götternamenlisten* auf.[12]

STIETENCRON [Hrsg.] 1992ff.: s.vv.). Über Namenkataloge des Kriegsgottes s. STIETENCRON 1975: 56, Fußn. 14.

6 Als ein für die Aktualität und Präsenz dieses Gebetstypus im theosophischen Bewußtsein der Hinduismus-Anhänger Zeugnis ablegendes Neuzeit-Kuriosum kann Dale STEINHAUSERS Internetseite mit einer Präsentation von Nāmastotras aus späterer Zeit (http://sanskrit.safire.com/sanskrit.html) betrachtet werden.

7 Zu beiden avestischen Götternamen-Listen zuletzt PANAINO 2002 mit Lit. (über die zoroastrische Weiterüberlieferung des Ohrmazd Yašt: p. 15), insbes. Appendix IV (p. 119-130). Weiteres, u.a. über die Kompositionsform der ersten Liste mit expliziter *Zählung* der Namen, in SADOVSKI, *BCIS*.

8 Auf die übereinstimmende Zahl 50 kommt WIKANDER 1941: 68-73 einerseits, für Yt. 15, unter Einschließung der von ihm aufgrund der Parallelliste in Yt. 13 bzw. durch Konjekturen postulierten Namen; andererseits – für Yt. 1 – unter Ausschluß der vier am Listenbeginn stehenden und später wiederholten Selbstprädikationen, deren erstes Auftreten WIKANDER (p. 70) für „eine Art Überschrift" hält. Wie PANAINO (2002: 22, 50ff., 73 ff.) unterstreicht, handelt es sich in der handschriftlichen Überlieferung im Fall des Yt. 15 um 46 Namen, so wie in der Zweiten Namenliste von Ahura Mazdā eigentlich 54 Einheiten vorliegen.

9 Ed. WIKANDER 1941: 7ff. mit Kommentar auf S. 67-95.

10 Eine Analyse dieses einzigartigen Katalogs als Quelle für das Personennamengebungssystem des Avestischen bietet neuerdings SCHMITT 2003a; cf. weiters die Bibl. in SCHMITT 2007.

11 Cf. die Statistiken von MAYRHOFER 1977a (z.B. p. 107; dabei sollen einerseits von den „422" numerierten Personennamen die *ibid.* auf S. 113 angeführten 13 Lemmata abgezogen werden, andererseits aber die *passim* [z.B. p. 25; 30; 44; 92] ohne selbständige Zählung verzeichneten, vermittels eines neben dem Numerus currens erscheinenden Index *a* markierten Namen[svarianten] zu statistischen Zwecken zumindest zum Teil zu besagter Leitzahl wiederum ergänzt werden), MAYRHOFER 1977b: 11-12, § 2.1. und 3. sowie SCHMITT 2003a: 363.

12 Die Wortbildungstypologie der komponierten altiranischen Personennamen, insbes. aus diesem Katalog (vgl. die allg. Bemerkungen in **§ II.2.** unten), bzw. die semantische Einteilung und Systematisierung der älteren indo-iranischen Personnennamen im indogermanischen Vergleich sind Gegenstand der Aufsätze SADOVSKI 2006c und 2007b.

1.2. Von den weiteren iranisch(-geprägt)en[13] Aufzählungen[14] ist jene der *101 Namen* von Ahura Mazdā, npers. *sad-o yek nām-e Xodā*, bis heute in der täglichen zoroastrischen Kultpraxis verbreitet. Die drei avestischen Kataloge wurden neuerdings von Antonio PANAINO (2002) monographisch behandelt.

Von entscheidender Bedeutung für das Verständnis der iranischen Namenkataloge ist aber m.E. der systematische Vergleich mit den *parallel gestalteten* Namenlisten *im Indischen* – und dieser ist eben bis heute ausgeblieben, obwohl gerade die betreffenden Listen zum Teil *wortwörtliche Gemeinsamkeiten* und typologisch *fast identische Entwicklungstendenzen* aufweisen.

1.3. Im indischen Bereich bezeichnet man diese vergleichbaren Listen als *Nāmastotra*s, 'Namen-Lobpreisungen oder -Elogien'. Diese Gattung – deren Repräsentanten den wichtigsten (insbes.: hinduistischen) Göttern gewidmet sind – ist unter dem Monsun-Regen Indiens im Laufe der Zeit fast überschwemmungsartig gediehen, von etwa 12 Namen pro Katalog[15] zu den monströsen Ausmaßen von mehr als *tausend Namen* für die jeweilige Gottheit:

1.3.1. Bereits im ältesten Yajur-Veda finden wir die hochstilisierte Litanei *Śatarudrīya*. Der Name läßt sich als 'die (Litanei) an die 100 (Namen

---

13 Zu den Listen in Pāzand s. die Ausgaben von ANKLESARIA 1888: 24-26 und ANTIA 1909: 335-337; über die Pārsī-Kataloge cf. MODI 1924: 77-92, PANAINO 2002: 119ff.; zu den Windgottepitheta im Sogdischen s. BENVENISTE 1940: 68-69; allg. PANAINO (2002: 113-130, inkl. Bibl. zu ähnlichen idg. und nicht-idg. Listen p. 18ff.); eine – impressionistische – Anmerkung über Ähnlichkeiten in der Namenliste im Ohrmazd Yašt nach LOMMEL 1930: 13 mit der Gattung des Nāmastotra findet sich nur bei GONDA 1970a: 76); s. auch die Neuausgabe der von Dastūr Marzbān erstellten und durch Anquetil-Duperron bekannt gewordenen Gujarātī-Liste der *125 Namen des Ohrmazd* (DOCTOR – PHALIPPOU 2002). – Die Götternamenkataloge des früheren Altgriechisch – Homer und Hesiod –, die relevantes kontrastives Material liefern, werden in SADOVSKI, *BCIS* zu Vergleichszwecken herangezogen.

14 Die typologischen Parallelen im Altägyptischen, Babylonischen oder Arabischen (Lit. bei PANAINO 2002: 18f.) zeigen zwar, daß die Gattung der Gottesanrufung „mit vielen Namen" (s. auch u., **§ I.4.** sowie Fußn. 20, 37 und 39) auch im Vorderen Orient ausreichend vertreten war; die Ähnlichkeit bleibt aber auf die Ebene der Typologie beschränkt: denn nirgendwo sonst zeichnen sich die Götternamen- bzw. Epithetalisten durch eine dermaßen große strukturelle, konzeptuelle, ja sogar lexikalisch-wortwörtliche Übereinstimmung aus, wie im Falle des Iranischen und Indischen, bei denen die Mechanismen der Epitheta- bzw. Namenbildung formale und inhaltliche, semasiologische und onomasiologische Parallelität aufweisen.

15 Zu den im Ritual verwendeten „12 Namen" von Viṣṇu, Śrī/Lakṣmī etc. cf. GONDA 1970b: 72 mit Anmm. auf S. 180 (insbes. Anm. 125).

resp. Formen von)[16] Rudra' wiedergeben.[17] Es handelt sich dabei um einen zentralen Preis- (bzw. Läuterungs-)Hymnus im Ritualkomplex der Schichtung des Feueraltars.[18] Dieses Konglomerat von zahlreichen, ineinander teilweise stark verflochtenen (Sach-)Gruppen von Prädikationen ist sowohl in allen Saṃhitās des Schwarzen YV (also in der Kaṭha-, der Kapiṣṭhala-Kaṭha-, der Maitrāyaṇīya- und der Taittirīya-Saṃhitā) als auch in den Mādhyaṃdina-[19] und Kāṇva-Rezensionen des Weißen YV (Vājasaneyi-Saṃhitā) vertreten,[20] wobei seine Strophen nicht weniger als 425 Oblationen[21] begleiten.

Einige dieser Erscheinungsformen oszillieren in der dunklen Zone zwischen breit gefächerten Spezialfunktionen einer einheitlichen, universal aktiven Gottheit und weitgehend verselbständigten Hypostasen, wodurch die Option zu deren Reinterpretation als einzelne Götter gegeben wird;[22] andere

---

16 Cf. ŚB(M) 9,1,1,24, wo die Bezeichnungen im Śatarudrīya (VS[M] 16,47) sowohl als *Namen* wie auch als *Formen* qualifiziert werden (*nāmāni ca* [...] *rūpāṇi ca*); s. EGGELING 4,162 und GONDA 1970a: 71; vgl. auch Mbh. 7,173,77ff.

17 KS 17,11-16; KpKS 27,1; MS 2,9,2; TS 4,5,1-11; VSM 16 ~ VSK 17; cf. ŚBM 9,1). Von den Detailstudien zum Śatarudrīya möchte ich in diesem Kontext speziell GONDA 1979 und SRINIVASAN 1983 (dort jeweils weitere Lit.) hervorheben.

18 Zu den Varianten des *agnicayana* s. allg. STAAL 1983, mit reichlichen Textauszügen aus den rituellen Sūtren und illustrativem Material von mehreren Terrainaufnahmen des Agnicayana-Rituals der Nambudiri in Kerala. Dem Śatarudrīya wird diese Stellung zugewiesen, „because Agni, that is the fireplace, has on completion become Rudra, the representative of the unconquered, dangerous, unreliable, and hence much to be feared nature" (GONDA 1979: 75).

19 Edition und Übersetzung der VS(M)-Version WEBER 1853: 14-47; cf. auch EGGELING 4,150-155 (Übers. von VS 16); 156ff. (zum Lustrationsritual im ŚB). Zur Textversion der TS s. KEITH 1914: 2,353-362.

20 Analyse der Struktur und rituellen Funktionen der Litanei bei GONDA 1979; zu den mythologischen Hintergründen s. SRINIVASAN 1983: 544f.; 551ff. mit weiterer Lit; ältere Angaben bei ARBMAN 1922: 221-253. – Über die r̥g- und postr̥gvedischen Belege für Rudras Vielnamigkeit und die damit verbundenen Mythen s. noch HILLEBRANDT 1929: 457 ff. Eine Exegese der Namen im Śatarudrīya bietet Mbh. 7,173,65ff. (in Vyāsas Aufzählung von Formen, Eigenschaften und Benennungen Śivas).

21 EGGELING 4,150, GONDA 1970a: 70f.; 1970b: 148, Anm. 126; 1979: 75; zum rituellen Kontext vgl. WEBER 1853: 14ff. und EGGELING 4,156ff.

22 Zum mythologischen Vorgang der von A. BERTHOLET sogenannten „Götterspaltung und Göttervereinigung" cf. die Bemerkung von GLADIGOW 1975: 26, 28f. (vermieden wird dabei USENERS [1896/1948] in mehreren Hinsichten problematischer Begriff der „Sondergötter"), jeweils mit Lit. Man beachte in diesem Kontext die Idee des ŚB(M) 9,1,1,7 (EGGELING 4,157) vom 'hundertköpfigen Rudra' (*śatáśīrṣan- rudrá-*) und die exegetische Identifizierung des Śatarudrīya mit dem Begriff *śataśīrṣarudraśamanīya-* 'Beschwichtigung(slitanei) des/an den hundertköpfigen Rudra'.

treten bereits als offenbar (ver)selbständig(t)e Begleitgottheiten mit jeweils eigenem Zuständigkeitsbereich auf: Eine Vielfalt von Rudra begleitenden Einzel-Rudras erscheinen ja schon im RV „pluralisch", z.T. als Gegenstück der Maruts;[23] doch wäre dies vorweg kein ausreichender Grund für eine simplifizierende Wiedergabe des Titels als 'Litanei an die 100 Rudra-s' (wie gelegentlich in der Lit. versucht); ebensowenig wie die nur augenscheinlich ordnungslose Konstruktion aus ineinander überfließenden Prädikationssequenzen ein Grund für den voreiligen Schluß wäre, es sei „überhaupt keine logische Ordnung in den Epithetis"[24] gegeben. Vielmehr handelt es sich bei dieser komplizierten Struktur um eine Aufeinanderschichtung mehrerer in sich kohärenter Kataloge von Einzelaspekten, bei der es zwar gelegentlich zum Kollaps der Einzelschichten kommt, so daß die Abgrenzung an der Oberfläche weniger evident wird, jedoch im Ganzen in semantischer und formal-struktureller Hinsicht klar gezogene Linien ersichtlich sind (s. etwa die Verteilung repräsentativer Passus nach semantischen Bereichen in **§ II.1.1.ff.** unten).

1.3.2. Zehnfach so groß ist das vom Mahābhārata an[25] bezeugte und sowohl in feierlichem Kultus als auch in individueller Frömmigkeit bis heute eine zentrale Stellung einnehmende *Viṣṇusahasranāmastotra*, 'Der Preishymnus an die 1000 Namen Viṣṇus'.[26] Genauso umfangreich, zumindest nominell, ist das *Stotra an die 1000 Namen Śivas*;[27] das Genre weist also einen gleichermaßen hohen Stellenwert sowohl im Viṣṇuismus als auch im Śivaismus auf. Die Zahl *Eintausend* wird in den späteren Sanskrit-Nāmasto-

---

[23] S. HILLEBRANDT 1929: 433-462, insbes. 455 ff., sowie 269-294ff. oder ARBMAN 1922: 221ff., speziell 230-236, s. auch die Lit. bei OBERLIES 1998: 206ff., 213ff. Zu den Namen der Maruts cf. außerdem GELDNER 2,58 und GONDA 1970a: 38-39; dazu vgl. auch die bei DAS – MEISER 2002 publizierten Arbeitspapiere eines interdisziplinären Kolloquiums zur Problematik der (idg.) Jungmannschaften.

[24] So WEBER 1853: 40.

[25] Mahābhārata [Poona-Ed.] 13,135; die Namen werden von Bhīṣma verkündet.

[26] Unter den vielen Sonderausgaben des Stotra – wenn man von der Masse der in Indien abermals re-produzierten und für die Rezitationspraxis bestimmten Einzelausgaben mit rein esoterischen Interpretationen und Kommentaren einmal absieht – seien hier z.B. jene von SASTRY/WARRIER/RAMANATHAN 1979 und TAPASYANANDA 1987 erwähnt.

[27] *Śivasahasranāmastotra* heißen nicht nur die relevanten Partien aus dem Mbh. (12,274; 13,17[,29ff.]), sondern auch eine Reihe entsprechender Hymnen in Vāyu-Purāṇa 1,30,79ff., Brahma-Purāṇa 38,40ff. etc.; zu dieser Parallelität GONDA 1970b: 148, Anm. 127. — Zu der in Handbüchern der indischen Literaturgeschichte wie etwa jenen von H. von GLASENAPP oder K. MYLIUS weitgehend ausgeklammerten Gattung des Nāmastotra und insbesondere über die beiden im Mbh. belegten *Sahasranāmastotra*s s. *ibid.*, 15f., mit Anm. auf S. 148, GONDA 1977: z.B. 268-270 mit Anmm. 255, 261, sowie die bibliogr. Angaben bei STIETENCRON (Hrsg.) 1992.

tras zur Konstante: In den Purāṇas und Tantras (**§ 1.3.c-f.**) ist dann das jeweilige *Loblied an die 1000 Namen* von Durgā oder Śiva, von Sūrya, Gaṇeśa, sogar von Gaṅgā, ein immanenter, stets wiederkehrender Bestandteil.

2. Im *formalen Aufbau* der Kataloge (rechte Tabellenspalte) fällt gleich die *sakral* beladene *Anzahl der Götternamen* auf. So variiert sie im Avesta von 12, 20 bis 50 [bzw. 54] Namen pro Katalog (*litterae* **a, b** & **c**). Die heilige Zahl *100*, wie etwa im *Śata*-rudrīya (*litt.* **e**), tritt in den späteren Listen auch als *101* (**f.**) auf: hier kommt die glückbringende „Extra-Zusatzzahl" zutage, welche in den Purāṇas als *8* erscheint: so im Fall der *108* Namen Lakṣmīs (**g**); als Variante zu den *1000 Namen Gottes* erscheint mitunter die Zahl *1001*,[28] viel häufiger allerdings *1008* (**i, j**) – sowohl im Viṣṇu- als auch im Śiva-Namenhymnus (cf. Mbh. 13,17,29ff.). Die Zusatz-*Aṣṭakā* dient zur *präventiven Kompensation*, falls man beim Gebet versehentlich den einen oder anderen Namen auslassen würde.[29]

3. Die *Anwendungsform* der Namen-Hymnen besteht in deren *wiederholter Rezitation*, die als der *direkteste Weg zu Gott* gilt. Die apotropäische Kraft dieser mehrfachen Rezitation wird durch die Worte Ahura Mazdās in Yt. 1,11; 1,16ff. explizit:

Yt. 1,16-18: yasca.mē aētahmi aŋhuuō yat̰ astuuaiṇti spitama zaraϑuštra *imå̄ nāmə̄nīš* drəṇjaiiō *framrauua* *paiti vā asni paiti vā* ⁺*xšafne* ‖16‖ *framrauua* us.vā hištō nī.vā paiδiiamnō nī.vā paiδiiamnō us.vā hištō [...] nōit̰ dim nara aiŋ́he aiiąn aiŋ́hå̄ ⁺xšapō aēšmō.drūtahe druxšmanaŋhō auuasiiāt̰ nōit̰ akauuō nōit̰ cakauuō nōit̰ iṣ̌auuō [...]	Und wer mir in diesem Dasein, dem knochenhaften, o Spitama Zaraϑuštra, diese Namen vorspricht/(leise) hersagt, sei es bei Tag oder bei Nacht, vorspricht/(leise) hersagt, sei es beim Aufstehen oder beim Niederlegen, sei es beim Niederlegen oder beim Aufstehen [...] diesen Mann sollen nicht an diesem Tage noch in dieser Nacht, die „Scheren"/Speere noch die Wurfhammer/-beile noch die Pfeile [...] des zornmütigen Bösgesinnten treffen.[30]

[28] Die einschlägige Pārsī-Tradition ist mit weiteren Literaturhinweisen von PANAINO 2002: 20 f. mit Fußn. 22 kurz dargestellt worden.

[29] Cf. GONDA 1970a: 76 mit Fußn. 34, p. 72 sowie p. 67 zur Variation der Zahl der Namen Viṣṇus zwischen 108, 300 und 1000/1008; über die esoterischen Interpretationen und Verknüpfungen der Zahlen 108 und 1000/1008 sowie die volksetymologischen Verbindungen des Wortes *aṣṭakā* mit dem Verb *aś* ‘erlangen, erreichen’ s. GONDA 1970b: 148, Anm. 130.

[30] Nach LOMMEL 1927: 15f. — Über typologisch vergleichbare Formen der Performanz auch der *Liste der 101 Namen von Ohrmazd* lassen sich zahlreiche Zeugnisse anführen (MODI 1937: 231f., PANAINO 2002: 20f. etc.).

In Indien nimmt etwa die *Śatarudrīya*-Rezitation gewaltige Formen an: die *elfmalige* Wiederholung der *elf* Anuvākas der Taittirīya-Saṃhitā-Version ist hierbei nur der Beginn, die 100 Epitheta Rudras werden normalerweise *11 x 11 x 11 (x 11)* mal ausgesprochen![31] Die Wiederholung[32] variiert von *dreifach* – vgl. die Phalaśruti von Saṃkaṣṭanāśana-Gaṇeśastotra:

dvādaśaitāni nāmāni *trisaṃdhyam* yaḥ paṭhen naraḥ | na ca vighnabhayaṃ tasya sarvasiddhikaraṃ prabhoḥ ||	Der Mann, der diese zwölf Namen des Herrn dreimal täglich rezitiert, er hat keine Furcht vor Hindernissen; (dies) wird/dürfte ihm Erfolg in allem verschaffen.[33] –

über *hundertfach* – so die Vorschriften über die Stotra-Wiederholung in der Agastyasaṃhitā[34]:

„For getting a husband 220 times, for getting children 64 times [8 x 8, also 8 Aṣṭakās – V.S.], for wealth 64 times [...], to cure diseases 12 times [...], to remove tiredness caused by a journey 34 times, to subjugate 100 times, to destroy enemies 100 times" –

bis zur *tausend-* und gar *millionenfachen* Rezitation in Form von repetitiven Kurzmantras. Es bestand eine Korrelation[35] zwischen den jeweiligen *adressierten Göttern* und der genauen *Anzahl der Wiederholungen* ihrer (1000) Namen (9x für Durgā, 11x für Rudra usw.):

9x	Durgā/Devī	11x	Śiva/Rudra; Hanumat	12x	Āditya/Sūrya	16x	Viṣṇu	21x	Gaṇeśa

4. Die richtige Epiklese bringt bekanntlich die richtige Verbindung mit dem Gott. Bei der Selbstbezeichnung Ahura Mazdās steht die Berufung auf die *Kraft seines Namens* an der Spitze. – Yt. 1,13:

31 KANE 5,813-814; BÜHNEMANN 1984: 86; dabei werden die einzelnen Stufen der progressionsmäßigen Wiederholung mit *theophoren* Begriffen bezeichnet, die untereinander eine klare Hierarchie bilden: von *ekādaśinī-* (11 Wiederholungen der 11 Anuvākas) über *laghurudra-* (11 *ekādaśinī*s) zu *mahārudra* (11 *laghurudra*s) und sogar *atirudra-* (11 *mahārudra*s).

32 Man vergleiche dazu einen *locus classicus*, Mbh. 13,135,12cd-13: *viṣṇor nāmasahasraṃ me śr̥ṇu pāpabhayāpaham | yāni nāmāni gauṇāni vikhyātāni mahātmanaḥ | r̥ṣibhiḥ parigītāni tāni vakṣyāmi bhūtaye.* — Weiteres zur wiederholten Namenrezitation bei GONDA 1970a: 60ff., v.a. 67-68; 93-104.

33 S. BÜHNEMANN 1984: 89; 1986: 32. Über die empfohlene *tägliche* Wiederholung der Gottesnamen vgl. im Falle der 1000 Namen Viṣṇus SASTRY's Vorwort in: SASTRY – WARRIER – RAMANATHAN 1979: xix f.; darüber hinaus GONDA 1970a: 68.

34 BÜHNEMANN 1983: 90f.; eadem, 1984: 86.

35 BÜHNEMANN 1984: *l. cit.*

nąmō.xšaϑrō nąma ahmi	Ich bin mit Namen 'dessen Macht (*in*) *sein*(*em*) *Name*(*n*) ist',
nąmō.xšaϑriiōtəmō nąma ahmi	ich bin mit Namen 'dessen Macht in sehr hohem Maße/am meisten (*in*) *sein*(*em*) *Name*(*n*) ist'.

Die Götternamenlisten und die Vielfalt der darin enthaltenen Epiklesen werden als von der Gottheit selbst sanktioniert aufgefaßt; die *Invokation* mit den Namen aus diesen sakralen Katalogen wird ausdrücklich gutgeheißen und mehrfach gefordert, so vierfach von Vaiiu in Yt. 15, mit der Formel:

Yt. 15,49-52: tå̊sca mē nąma ⁺zbaiiaēša	Mit diesen Namen sollst du mich anrufen.

Die Parallelen im Avesta und RV zu diesem Namenkult sind zahlreich. Man vergleiche mit Bezug auf die Heiligkeit der Götternamen[36] eine Reihe von Formeln im Altindischen: so z.B. RV 10,63,2:

víśvā hí vo namasᵢyā̀ni vándiyā	Denn all eure Namen sind ehrwürdig, lobwürdig, ihr
nā́māni devā utá yajñíyāni vaḥ |	Götter, und anbetungswert (GELDNER 3,233f.).[37]

Am Ende der hinduistischen *nāmastotra*s kommen als ein konstantes Kompositionselement die sog. *phalaśruti*-Verse vor[38], die die 'Offenbarung über die Frucht (den Nutz-Effekt) [der Namen-Preishymnen]' ausdrücken und zum Erreichen von verschiedenen Lebenszielen die Anzahl der Wiederholungen der Namenlobpreisungen festlegen.

5. Die Gestaltung dieser Listen mit einer derart abschreckenden Anzahl[39] von Namen und Aspekten Gottes hat nun ihre Konsequenzen auch für die Epitheta-Entwicklung selbst. Hierbei kann man (1) eine Tendenz zur *Hypersystematisierung* feststellen; dazu vielfach (2) die Tendenz zur *hierarchischen Unterteilung* der Epitheta nach Sachgruppen und insbesondere (3) deren Ausweitung auf *alle* kosmologisch relevanten Größen, zur Demon-

---

[36] Unter den entscheidenden monographischen Beiträgen zu dieser Problematik sind im vorliegenden Rahmen zu nennen: HIRZEL 1918: insbes. 17ff.; USENER (1896/1948); GONDA 1970a (z.B. 72f. et passim); der Sammelband STIETENCRON (Hrsg.) 1975, u.a. GLADIGOW 1975; darüber hinaus mit Lit. zu einzelnen Aspekten GLADIGOW 1981; GLADIGOW 1993.

[37] S. weiter GONDA 1970a: 70; vgl. ebenda, p. 30, zum Parallelismus der Epiklesen Indras *purúṇāman-* 'vielnamig' und *puruṣṭutá-* 'vielgepriesen' in RV 8,93,17 bzw. zur Antithese in AVŚ 6,99,1 zu *purúṇāman-* 'vielnamig' und *ekajá-* 'eingeboren'.

[38] Cf. auch die typischen *śravaṇaphala*-s im Mahābhārata, wozu z.B. GONDA 1970a: 74, ad Mbh. 7,173.

[39] Zum Konzept und zu den Dimensionen der Götter-*Polyonymie* (cf. die bekannte Parallelität von ved. *purúṇāman-* und griech. πολυώνυμος 'vielnamig') s. etwa USENER 1896/1948: 334f., HIRZEL 1918: 17-19, SCHMITT 1967: 183f., § 369-371; GONDA 1970a: 19, 53ff., insbes. 57-60; GLADIGOW 1975: 25f., 1993: 211 mit Anm. 9.

stration des universalen Wirkungsbereichs Gottes (cf. u., § **II.1ff.**): Bei dem Ausbau dieser Sachgruppen kommt (4) die Zusammenführung bestehender (unabhängiger) Einzelepitheta in Epitheta-Subsysteme sowie (5) die Hinzubildung von *Okkasionalismen* und *Ad-hoc-Epitheta*,[40] u.a. zur Auffüllung verschiedener „Beiwort-Matrizen".[41] Das führende Prinzip bei dieser regelrechten Epitheta-*Wucherung* ist das Prinzip der *seriellen Analogie*, welches man *per nefas* als *„kata-logische Analogie"* bezeichnen kann. Derartige – je nach Wortkontexten, syntaktischer Kombinatorik bzw. semantischen Subsystemen entwickelte – Ad-hoc-Epitheta verfestigen sich dann schnell in formelhaften Ausdrücken, und von dort aus erlangen sie vollständige und unabhängige Existenz – so etwa die Ad-hoc-Epitheta Rudras, die im Śivasahasranāmastotra oder in der Kāvya-Literatur (etwa bei Kālidāsa, Kum.) völlig kontextfrei als Namen Śivas zirkulieren.

Ich lasse für diesen Rahmen die zahlreichen Einzelheiten über die *Typologie der Komposition* der Listen beiseite (s. dazu z.B. SADOVSKI, *BCIS*) und möchte mich stattdessen einigen grundsätzlichen *Mechanismen* der *systembedingten Entwicklung* von Epitheta zuwenden; analogen Erscheinungen bei den Nomina propria ist die Darstellung in unseren Beiträgen zu den Akten der Tagung der *Societas Iranologica Europaea* in Rom (SADOVSKI 2007b) sowie zum bevorstehenden Iranistenkongreß in Wien gewidmet.

II. ZU DEN MECHANISMEN DER SYSTEMBEDINGTEN ENTWICKLUNG VON EPITHETA

1. Es handelt sich hier zunächst um die Auffüllung verschiedener *Raster* mit nach semantischen und/oder formalen Prinzipien *systematisch ausgebauten Epitheta*, v.a. ausgehend von einem traditionellen Epitheton. Das Gottesbild wird dabei mit Anspruch auf Universalismus nach verschiedenen

---

40 Cf. das Urteil WIKANDERS (1941: 13) über den Namenkatalog-Teil des Yt. 15: „Karde 11 steht für sich mit einer Unmenge von ἅ[παξ]. λ[εγόμενα].". Eine Zusammenstellung der (insges. 46) *Hapax-Epitheta* in den drei Listen (Yt. 1 und 15) hat PANAINO 2002, spez. 117-118, vorgenommen.

41 So bietet Yt. 15,57 eine *Kopf-bis-Fuß-Schilderung* von Vaiiu als Idealkämpfer, die nicht weniger als neun Epitheta mit dem Vg. *zaraniiō.-* 'Gold-' enthält (s.u. § **II.1.3.**). Die meisten von diesen Epitheta – wie so oft in Namenlisten – sind ebenfalls *Hapax legomena.* In einigen der längsten Passus der Nāmastotra an Viṣṇu oder Śiva drängt sich angesichts der angestrebten Lückenlosigkeit der in den Epiklesen der Gottheit zu erfassenden Größen und Aspekte des Kosmos spontan der Eindruck eines richtigen *horror vacui* auf.

Sachgruppen durch die *Vereinigung* von *Antithesen* im Rahmen der jeweiligen Beiwort-Gruppen gestaltet:

1.1. Somit entstehen, erstens, Sachgruppen von *kosmologisch relevanten*, sozusagen „*kosmo-graphischen*" Epitheta. So in Yt. 10,144, wo Mithra als einer bezeichnet wird, '*der auf das Land hin* (losgeht), der *zwischen den Ländern* ist, der *innerhalb des Landes*, der *oberhalb des Landes*, der *unterhalb des Landes*, der *um das Land herum* und *hinter dem Land* ist':

Yt 10,144:
miϑrəm *aiβi.dax́iiūm* yazamaide
miϑrəm *aṇtarə.dax́iiūm* yazamaide
miϑrəm *ā.dax́iiūm* yazamaide
miϑrəm *upairi.dax́iiūm* yazamaide
miϑrəm *aδairi.dax́iiūm* yazamaide
miϑrəm *pairi.dax́iiūm* yazamaide
miϑrəm *aipi.dax́iiūm* yazamaide

GERSHEVITCH 1959: 147:
We worship Miϑra when he faces the country,
we worship Miϑra when he is between (two) countries,
we worship Miϑra when he is inside the country,
we worship Miϑra when he is above the country,
we worship Miϑra when he is below the country,
we worship Miϑra when he makes the round of the country,
we worship Miϑra when he is behind the country.

Von den sieben verschiedenen Komposita in dem angeführten Passus ist nur ein einziges unabhängig bezeugt, *ā.dax́iiu-* (2x),[42] das hier offenbar als Kern für die Entfaltung des gesamten Systems gedient hat.

1.2. Ähnliches gilt dann im Falle der Epithetagebung mit rein *irdischen*, *geo*-graphischen *Lokalitäts*verhältnissen: Hier wird das Göttliche in räumlicher Hinsicht als eine allumfassende Kraft dargestellt, wobei ihre Fähigkeit betont wird, alle nur denkbaren Himmelsrichtungen und Erdregionen ganzheitlich und zugleich einzeln zu erfassen. Wie im o.a. Zitat aus Yt. 10,144 die makrokosmische Perspektive des Bezugs Mithras zum (arischen) Land thematisiert wurde, so werden in RV 5,52,10 die Wagen der Maruts im (mikrokosmischen) Rahmen der Vision von Śyāvāśva in allen möglichen räumlichen Relationen zu dem Weg bestimmt, auf dem sie ihm erscheinen; und diese Bezeichnungen werden explizit als ihre 'Namen' angesprochen:

ā́pathayo vípathayo
'ₐntaspathā ánupathāḥ |
etébhir máhyaṃ *nā́mabhir*
yajñā́ṃ viṣṭārá ohate ||

Am-Weg-Geher, Abseits-von-dem-Weg-Geher, Im-Weg-Geher, Den-Weg-entlang-Geher; unter *diesen Namen* [...] in breiter Schar (kommend) würdigen sie mein Opfer. (GELDNER 2,58).

---

42 An Zusammensetzungen mit diesem Hinterglied liegt außerhalb von Yt. 10,144 sonst nur das dreimal bezeugte *uz.dax́iiu-* (mit Entsprechungen auch im Sogdischen) vor. Zu diesem Kompositakreis s. SADOVSKI 2001: 109-111; generell zum Entheos-Typus vgl. SADOVSKI 2000. — Zur Epipher des Hintergliedes *-dax́iiu-* als Stilmittel s.u., **IV.3.1.1**.

Bei der Schilderung der Omnipräsenz der Gottheit wird auch das kleinste Detail der Lokalitäten, in denen sie wandelt, nicht ausgelassen. Instruktiv ist folgender in seinem Kern allen YV-Zweigen gemeinsamer Passus aus dem Śatarudrīya, hier nach der Version des Weißen Yajurveda (VS 16, [Anuvāka VII]):

námaḥ *srútyāya* ca *páthyāya* ca
námaḥ *kā́ṭyāya* ca *nī́pyāya* ca
námaḥ *kúlyāya* ca *sarasyā̀ya* ca
námo *nād(e)yā́ya* ca *vaiśantā́ya* ca || 37 ||
námaḥ *kū́pyāya* *cāvaṭyā̀ya* ca
námo *vī́dhryāya* *cātapyā̀ya* ca[43]
námo *méghyāya* ca *vidyutyā̀ya* ca
námo *várṣyāya* *cāvarṣyā́ya* ca || 38 ||
námo *vā́tyāya* ca *réṣmyāya* ca
námo *vāstavyā̀ya* ca *vāstupā́ya* ca ||39ab||
[...]

WEBER 1853: 39-40: „V[erneigung] dem in der Strömung und dem auf den Pfaden Weilenden, V. dem in den Brunnen [...] und dem in der Wassersenkung Weilenden, V. dem in den Quellen [...] und dem in den Seeen [sic] Weilenden, V. dem in den Flüssen und dem in den Teichen Weilenden! V. dem in den Cisternen und dem in den Gruben Weilenden, V. dem in dem Regen und dem in der Dürre Weilenden, V. dem in der Wolke und dem im Blitze Weilenden, V. dem in der Gluth und dem in der Hitze Weilenden! V. dem im Winde und dem im Hagel [...] Weilenden, V. dem im Hause Weilenden und dem Hausbeschützer [...]!"

1.3. Körper-schildernde, „*somato-graphische*" (oder, im Falle der Darstellung der Ausrüstung der Gottheit, etwa als „*kataskeuo-graphisch*"[44] zu apostrophierende) Systematisierungen liegen in Epiklesen bzw. lobpreisenden Darstellungen der Gottheit in ihrer idealtypischen Gestalt vor: So finden wir in Yt. 15,57 eine stilisierte *Kopf-bis-Fuß-Schilderung* von Vaiiu als Idealkämpfer, die – *just for the record* – seriell ganze neun Epitheta mit dem Vg. *zaraniiō.*- 'Gold-/golden-' enthält: von 'der mit dem goldenen Kopfschmuck' bis zu 'der mit den goldenen Schuhen':

vaēm *zaraniiō.xaoδəm* yazamaide	Vaiiu *mit dem goldenen Kopfschmuck* verehren wir,
vaēm *zaraniiō.pusəm* yazamaide	Vaiiu *mit dem goldenen Diadem* verehren wir,
vaēm *zaraniiō.minəm* yazamaide	Vaiiu *mit dem goldenen Halsschmuck* verehren wir,
vaēm *zaraniiō.vāš̰əm* yazamaide	Vaiiu *mit dem goldenen Wagen* verehren wir,
vaēm *zaraniiō.caxrəm* yazamaide	Vaiiu *mit dem/n goldenen Rad/Rädern* verehren wir,
vaēm *zaraniiō.zaēm* yazamaide	Vaiiu *mit den goldenen Waffen* verehren wir,
vaēm *zaraniiō.vastrəm* yazamaide	Vaiiu *mit dem goldenen Gewand* verehren wir,
vaēm *zaraniiō.aoϑrəm* yazamaide	Vaiiu *mit den goldenen Schuhen* verehren wir,
vaēm *zaraniiō.aiβiiā̊ŋhanəm* yazamaide	Vaiiu *mit dem goldenen Gürtel* verehren wir (s. WIKANDER 1941: 12).

[43] V.l. der Version TS (4,5,7,2 [m]): *námo várṣyāya cāvarṣyā́ya ca.*
[44] Differenzierungsvorschlag von Rüdiger SCHMITT (briefl.).

Genausowenig[45] spart man an Einzelheiten aus der militärischen (Bogenschützen-)Ausrüstung und dem kriegerischen Erscheinungsbild bei der Schilderung Rudras im 6. und 7. Anuvāka des Śatarudrī́ya:

VS 16,34cd-36: náma *āśúṣeṇāya cāśúrathāya* ca námaḥ *śū́rāya cāvabhedíne* ca ||34|| námo *bilmíne* ca *kavacíne* ca námo *varmíṇe* ca *varūthíne* ca námaḥ *śrutā́ya* ca *śrutasenā́ya* ca námo *dundubhyā́ya cāhananyā̀ya* ca ||35|| námo *dhṛṣṇáve* ca *pramṛśā́ya* ca námo *niṣaṅgíṇe* ce*ṣudhimáte* ca námas *tīkṣṇéṣave cāyudhíne* ca námaḥ *svāyudhā́ya* ca *sudhánvane* ca ||36||	WEBER 1853: 39: V. dem mit dem schnellen Heere und dem mit dem schnellen Wagen, V. dem Helden und dem Zerschmetterer (der Feinde)! V. dem Eingehüllten und dem Rüstunggeschützten, V. dem Gepanzerten und dem Geharnischten [...], V. dem Berühmten und dem mit dem berühmten Heere! V. dem in den Pauken und dem in den Paukenschlägern Weilenden, V. dem Gewaltigen und dem Verwegenen [...], V. dem Schwertführer und dem Köcherträger, V. dem scharfe Pfeile Entsendenden und dem Gewappneten, V. dem Wohlbewaffneten und dem schönen Bogen Führenden!

Die (*Kopf-bis-Fuß-*)*Schilderung* kann kombiniert mit *räumlichen Angaben* wie o. in **§§ II.1.1.** und **II.1.2.** auftreten, um die „mikro"-kosmische Ebene der physischen Gestalt der Gottheit mit dem „Makro"-Kosmischen zu harmonisieren und somit wiederum ihre universale Größe und Erstreckung zum Vorschein zu bringen:

RV 10,81,3ab: *viśvátaścakṣur* utá *viśvátomukho* *viśvátobāhur* utá *viśvátaspāt* |	Als einer, dessen *Augen* überallhin (gerichtet) sind und dessen *Gesicht* überallhin (gerichtet) ist, einer, dessen *Arme* überallhin (gerichtet) sind und dessen *Füße* überallhin (gerichtet) sind [...].[46]

[45] Zur Anhäufung von (anapher-artig wiederholten) Epitheta mit dem Vorderglied 'Gold-, golden-' bei der Darstellung der äußeren Erscheinungsform (Kleider, Körperelemente) vgl. rein typologisch etwa die Schilderung des personifizierten/dämonisierten *Verderbens* bzw. *Geizes* vermittels einer Serie von beschwichtigenden Epitheta in AVŚ 5,7,9cd-10, einem Hymnus, der „in general seems to be a euphemistic offering of reverence to the spirit of avarice or stinginess" (WHITNEY – LANMAN 1905: 1,232):

tásyai *hiraṇyakeśyái* nírṛtyā akaraṃ námaḥ ||9cd|| *híraṇyavarṇā* subhágā *híraṇyakaśipur* mahī́ | tásyai *híraṇyadrāpayé* 'ₐrātyā akaraṃ námaḥ ||10||	WHITNEY – LANMAN 1905: 1,233: 9. [...] to her, the golden-haired, to perdition have I paid homage. 10. Gold-colored, fortunate, gold-cushioned, great — to her, the gold-mantled, to the niggard have I paid homage.

[46] Über diesen Hymnus an die Gottheit *Viśvákarman-*, deren Name selber ein *viśvá-*Kompositum (orig. Bahuvrīhi) ist, s. SADOVSKI 2003: 326f.; ebenda weitere Details zur

1.4. Und schließlich finden wir die systematische Aufzählung von *zeitlichen Extrema* als Form der Götterbezeichnung, bei der die Vereinigung von *Antithesen* ebenfalls zu einer *Synthese* des Gesamt-Gottesbildes (nun wiederum *zeitlich-„universalistisch*") führt: Rudra ist demnach 'der *Älteste* und der *Jüngste*, der *Erst*geborene und der *Nach*zügler, der *Mittlere*' und sogar 'der *Fehl*geborene'[47]! – VS 16,32:

námo *jyeṣṭhā́ya* ca *kaniṣṭhā́ya* ca námaḥ *pūrvajā́ya* c*āparajā́ya* ca | námo *madhyamā́ya* c*āpagalbhā́ya* ca námo *jaghanyā̀ya* ca *budhnyā̀ya* ca ||	Reverence be to the eldest and to the youngest! reverence be to the firstborn and to the afterborn! reverence be to the middlemost and to the abortive (?) one! reverence be to the hindmost and to the bottommost one! (EGGELING 4,153)

1.5. Ähnliche Vereinigungen von Antithesen lassen sich in (Selbst-)Prädikationen der Gottheit mit Begriffen aus dem *Sippen-* bzw. *Familiensystem* beobachten, wie im Fall von Kr̥ṣṇa in der Bhagavad-Gītā 9 (dazu SADOVSKI, *BCIS*) – Mbh. 6,31,17ab:

*pitā*ham asya jagato *mātā* dhātā *pitāmahaḥ* [...]	*Vater* [bin] ich dieser Welt, *Mutter*, „Setzer"/Ordner, *Großvater* [...] –

man vergleiche auch die (Selbst-)Benennung mit Begriffen aus Religion und Kultus, die als Teil-Systeme eines Großsystems nun alle die Gottheit als Bezugsgröße haben und somit sie als das Großsystem *par excellence* ausweisen: am angegebenen Ort, Pada 17c, offenbart sich Kr̥ṣṇa auch als *r̥k sāma yajur eva ca* '[ich bin] R̥g[veda], Sāma[veda] und Yajur[veda]' und somit – als der einheitliche *dreifache Veda* schlechthin.

2. Auch die *Personennamengebung*, speziell nach den *Namen der Vorfahren*, unterliegt solch einem Systemzwang.[48] Besonders ausgeprägt ist die serielle Analogie bei *Wiederholung eines Elementes des Vaternamens* im Namen des Sohnes. So können:

2.1. *Hinterglieder* wiederholt werden, wie bei X^{v}a-*δāta-* und seinem Sohn Vaŋhu-*δāta-* („Hildebrand-Syndrom"; Lit. in § **IV.3.1.2.** unten); des weiteren

---

Reihe *X-armig*, *X-äugig*, *X-füßig* (*sahásrabāhuḥ*, *sahasrākṣáḥ*, *sahásrapāt*) wie z.B. im Puruṣasūkta RV 10,90,1: *sahásraśīrṣā* púruṣaḥ, *sahasrākṣáḥ sahásrapāt* | sá bhū́mim̐ *viśváto* vr̥tvā́-, -ₐ́ty atiṣṭhad daśāṅgulám; fortgesetzt etwa in AVŚ 19,6,1ab etc.

47 WEBER 1853: 40: „dem *Kaum*geborenen"; cf. die Lit. in MAYRHOFER 1992: 1,(474-)475 (s.v. *gárbha-*), insbesondere den AiGr II,1 (Nachträge, 79) und die Note OERTELS.

48 Literaturverweise oben, Fußn. 12; aus dem einschlägigen Material werden hier nur Highlights angegeben.

2.2. *Vorderglieder*: dabei entstehen stereotype Reihen wie altpersisch **Miϑra*-dāta-: **Miϑra*-farnah-: **Miϑra*-yazna-[49] („umgekehrtes Hildebrand-Syndrom"). Es werden noch

2.3. Nicht- oder aber de-komponierte Namen („*Simplex*"-Namen)[50] zu *Komposita* modifiziert (Musterbeispiel *Φαρνά*-βαζος, Sohn des Satrapen Phrygiens *Φαρνά*-κης; cf. auch u., **§ IV.2.1.2.**) und, umgekehrt,

2.4. *komponierte* Vater-Namen zu (deminutiven) nicht- (resp. de-)komponierten Stämmen bzw. deren Weiterbildungen[51] reduziert. Besonders interessant ist

2.5. die Parallelität zwischen Personennamen- und Götterepitheta-Listen (bisweilen mit voneinander beeinflußten Entwicklungen). So kommen in Yt. 15 in der Namenliste des Gottes Vaiiu Bezeichnungen vor wie das Epitheton *Tižii-aršti-* 'der mit dem scharfen Speer, der Scharfspeer(ige)' und die parallel gebildeten *Pərəϑuu-arəšti-* [sic] 'der Breit-/Weitspeerige' und *Vaēžiiaršti-* 'der Speerschwinger' (ein avestischer *Shake-speare*!). Und dieselben Komposita *Tižii-aršti-*, *Pərəϑuu-aršti-*, *Vaēžiiaršti-* begegnen im gleichen Nebeneinander und in gleicher Reihenfolge in Yašt 13, in einer Liste mit *Personennamen* von *Verwandten*:

---

[49] Cf. SCHMITT 2000: 139-140 (zu den altiran. **Miϑra-* enthaltenden Namen s. auch SCHMITT 1978: 397-407 und 417ff.) und SADOVSKI 2007b; vgl. typologische Parallelen aus weiteren idg. Sprachen wie etwa aus dem Katalog der Nereiden in Hesiods *Theogonie* (vv. 240-264) die Serien von komponierten Namen von Verwandten (hier: Schwestern): z.B. *Κυμο*-θόη, *Κυμο*-δόκη und *Κυματο*-λήγη (sowie Μεν*ίππη*); dazu reimend, nur um einen einzigen Konsonanten unterschiedlich: *Ἱππο*-θόη und *Ἱππο*-νόη etc.; cf. u. **§ IV.2.1.2.**

[50] R. SCHMITT: „monolexemische Formen".

[51] Beispiele, die mit der Annahme dieses Vorgangs interpretiert werden können (allerdings es nicht immer *müssen*), bei MAYRHOFER 1977b: 14-17, § 4.2.; detaillierte Typologie der Bildung von Kurznamen s. bei SCHMITT 2000: 55-58, cf. *ibid.* 47ff. Vgl. darüber hinaus das Nebeneinander von *komponierten Namen* und ein Element derselben enthaltenden *Simplex-Namen* in Hesiods Götternamenkatalogen: so kommt neben den bereits angeführten Zusammensetzungen *Κυμο*θόη, *Κυμο*δόκη, *Κυματο*λήγη (und Μεν*ίππη*) das Simplex (bzw. Dekompositum) *Κυμώ*, neben *Πρωτο*μέδεια ein *Πρωτώ* vor. Zum Ganzen s. SADOVSKI 2008b sowie, in Sachen stilistischer Ausdrucksweitung, SADOVSKI 2006b: 523ff., **§ 1.**, insbes. 526-529, **§ 1.2.2.**, sowie 529-534, **§ 2.1.** mit Subdivisionen.

Epitheta/Götternamen-Bereich:		**Personennamen-Bereich:**	
Yt. 15,48: ***tižiiaršta*** nąma ahmi	ich bin 'der Spitzspeerige' mit Namen,	Yt. 13,101: *bərəziiarštōiš* aṣ̌aonō frauuaṣ̌īm yazamaide	Wir verehren die Frauuaṣ̌i des aṣ̌a-haften Bərəziiaršti ('Hochspeer[igen]'),
tižiiarštiš nąma ahmi	ich bin 'der Spitzspeer(ige)' mit Namen,	***tižiiarštōiš*** aṣ̌aonō frauuaṣ̌īm yazamaide	wir verehren die Frauuaṣ̌i des Tižiiaršti ('Spitzspeer[igen]'),
pərəϑuuarəšta nąma ahmi	ich bin 'der Breit-/Weitspeerige' mit Namen,		
pərəϑuuarəštiš nąma ahmi	ich bin 'der Breit-/Weitspeer(ige)' mit Namen,	***pərəϑuuarštōiš*** aṣ̌aonō frauuaṣ̌īm yazamaide	wir verehren die Frauuaṣ̌i des Pərəϑuuaršti ('Breit-/Weitspeer[igen]'),
vaēžiiaršta nąma ahmi	ich bin 'der Schwingspeerige (Speerschwingende)' mit Namen,	***vaēžiiarštōiš*** aṣ̌aonō frauuaṣ̌īm yazamaide	wir verehren die Frauuaṣ̌i des [...] Vaēžiiaršti ('Schwingspeers/Speerschwingers').
vaēžiiarštiš nąma ahmi	ich bin'der Schwingspeer' mit Namen.		

Wenn nun bei den bisher aufgezählten Epithetatypen der Schwerpunkt auf den inhaltlichen Gruppierungen lag, so ist in der Dichtersprache auch die *rein formale* Motivation der Epitheta-Gruppierung (bzw. aber auch -Wucherung!) ausgeprägt und ungemein komplex. Der restliche Teil des vorliegenden Aufsatzes möge einige Aspekte dieser Problematik erläutern.[52]

III. AUSBAU VON EPITHETA-SYSTEMEN DURCH HÄUFUNG (*ACCUMULATIO*) BZW. WIEDERHOLUNG (*REPETITIO*)

Epitheta-*Systeme* werden vor allem durch das bekannte stilistische Verfahren der *Ausdrucksweitung* (*adiectio*), darunter insbesondere die *Häufung* (*accumulatio*), und hier wiederum vor allem durch die *Aneinanderreihung* oder *Aufzählung* (*enumeratio*) ausgebaut:[53] Im Zentrum dieser Methode stehen die Auflistung mit *Formvariation* und die *Gradation.*

1. Im Falle der *Simplicia* ist die beabsichtigte *Aneinanderreihung von Gradationsformen*[54] eine der geläufigsten stilistischen Figuren:

---

52 Weiteres in SADOVSKI 2006b und 2006c.

53 Zu diesen Stilmitteln, insbes. zu den Figuren der *Häufung*, cf. SADOVSKI 2008b.

54 Zur Gradation als Stilmittel in der indo-iranischen Poesie s. unten, **§ III.3.** – Die Bezeichnungen „Komparativ" und „Superlativ" werden in solchen Fällen nur *bedingt* verwendet: ihre Relativität ist gut bekannt und die Genese der entsprechend verwendeten Ableitungen aus Adjektivformationen, bei denen die Vergleichs-Konnotation (historisch) bei weitem nicht die zentrale bzw. jedenfalls (synchronisch) nicht die einzige war, ist u.a. von BRUGMANN, DELBRÜCK oder BENVENISTE ausführlich diskutiert und von SEILER 1950 monogra-

1.1. Serienmäßige Paare von „Positiv"/„Superlativ" finden wir in allen Namenlisten[55], wie z.B. jener von Vaiiu, Yt. 15,46:

auruuō nąma ahmi	[...] der *Schnelle* bin ich mit Namen,
auruuōtəmō nąma ahmi	der *Schnellste* bin ich mit Namen.
taxmō nąma ahmi	der *Starke* bin ich mit Namen,
taxmōtəma (!) nąma ahmi	der *Stärkste* bin ich mit Namen,
dərəzrō nąma ahmi	der *Feste* bin ich mit Namen,
darəjištō nąma ahmi	der *Festeste* bin ich mit Namen [...]

1.2. Daneben tritt auch die Reihe „Positiv"/"Komparativ" auf: z.B. im Śatarudrīya der Version von TS 4,5,8,1 (k) (= VS 16,41):

námaḥ *śivā́ya* ca *śivátarāya* ca	Verehrung dem *Günstigen/Gnädigen* und dem *Günstigeren/Gnädigeren* (bzw. *im hohen Maßen Günstigen/Gnädigen*)!

2. Des weiteren[56] gehört hierher die Steigerung bzw. semantische Modifikation/Intensivierung des Typs „*X* : Präverb+*X*", wie ebenfalls im Śatarudrīya (VS 16,21, TS 4,5,3,1 [d]) bezeugt:

námo *vañcate pariváñcate*	Reverence be to the tricking arch-trickster! (EGGELING).

Vgl. die Formvariation in der Abfolge von jeweils anders präverbierten Partizipien zur gleichen Wurzel in TS 7,4,22,1:

váñcate svā́hā *pariváñcate* svā́hā *saṃváñcate* svā́hā | *anuváñcate* svā́hā | *udváñcate* svā́hā |,[57]

---

phisch behandelt worden (ältere Literaturhinweise in AiGr 2/2,459f., Anm., 596ff., 609-610 mit Anmm., rezentere etwa bei MEIER-BRÜGGER 2002: 222).

55 Und außerhalb der Kataloge: s. SADOVSKI 2006b: 531f., **§ 2.1.3.**, insbes. 532, **§ 2.1.3.3.** zur stereotypen Aufzählung (*enumeratio*) solcher Ausdrücke im Positiv + Superlativ (zugleich mit *homoioptoton* einschließlich abwechselnder Wiederholung derivationeller Elemente) als Charakteristikum der avestischen Dichtersprache; ebenda über den Typus Yt. 3,5 *sraēštəm sraēštōtəməm.*

56 Einen ähnlichen Fall stellt die *Steigerung mit stilistischer Wiederholung* dar; Sondergruppen bilden **(A.)** bei den Simplicia die Typen (1) *satyásya satyá-* und (2) *devā́nāṃ devá-* bzw. **(B.)** bei den Komposita der Typus mit Komparativ im Hinterglied und *Figura-etymologica*-Verhältnis zwischen den Kompositionsgliedern.

57 Überhaupt ist der ganze Passus von diesem Stilmittel geprägt: es sind allein in TS 7,4,22 insgesamt fünf Sequenzen von fünf verschiedenen Verbalwurzeln zu verzeichnen, und innerhalb jeder dieser Sequenzen wird ein nicht präfigiertes Partizip (im Dativ) von einem mit Präverb modifizierten oder aber durch Negativpartikel verneinten Pendant gefolgt:
TS 7,4,22,1: (1-19):
sitā́ya svā́hā | *ásitāya* svā́hā |
abhíhitāya svā́hā | *ánabhihitāya* svā́hā

sowie, im Bereich der anthroponomastischen Kataloge, Abfolgen *X* – *Präverb+X* wie aus Yt. 13,109: Aršauuaṇt- – *Vii*-aršauuaṇt- – *Paitii*-aršauuaṇt- und Drāϑa- – *Paiti*-drāϑa-[58].

3. *Formvariation* und *semantische Spezifizierung* liegt in der Aneinanderreihung von Simplex und Kompositum[59] vor, z.B.:

3.1. Das Simplex *X* erscheint wiederholt als Vorderglied im darauffolgenden Kompositum *X-Y*: Der Effekt variiert von der *Gradation* – wie in den Epitheta Viṣṇus *satyaḥ satyaparākramaḥ* 'der Wahrhafte, der das Wahrhafte überschritten hat'[60] – zur *Spezifizierung*, wie in den Namen von Vaiiu *vīdakə* 'der Gewinner' und *viṇdi-x*^{v}*arənə* 'der Gewinner des *x*^{v}*arənah-*' von Yt. 15,45 –

vīdakə nąma ahmi	Ich bin mit Namen 'der Gewinner',
viṇdix^{v}*arənə* nąma ahmi	ich bin mit Namen 'der Gewinner des *x*^{v}*arənah-*' –

oder in den Rudra-Beiwörtern aus dem Preishymnus an seine *Hundert Namen*, etwa VS 16,46:

námaḥ *parṇā́ya* ca *parṇaśadā́ya* ca [...][61]	Reverence be to him dwelling in the leaf, and to him in the leaf-fall (sere leaf)! (EGGELING)

bzw. VS 16,35c / TS 4,5,6,2 (p):

---

yuktā́ya svā́hā | *áyuktāya* svā́hā súyuktāya svā́hā | údyuktāya svā́hā
vímuktāya svā́hā *prámuktāya* svā́hā
vā́ñcate svā́hā *parivā́ñcate* svā́hā *saṃvā́ñcate* svā́hā | *anuvā́ñcate* svā́hā | *udvā́ñcate* svā́hā |
yaté svā́hā *dhā́vate* svā́hā *tíṣṭhate* svā́hā *sárvasmai* svā́hā ||

[Darüber hinaus bilden hier die einzelnen Partizipien-Sequenzen gemäß der Anzahl der inbegriffenen Entitäten harmonische gradzahlige (paarweise miteinander reimende, doch nur teilweise in aufsteigender Abfolge auftretende) Konstellationen: *2* (*°sita-*) / *2* (*°hita-*) / *4* (*°yukta-*) / *2* (*°yukta-*) / *6* (*°vā́ñcant-*) / *Abschluß*.].

58 Dem letzteren schließt sich darüber hinaus, mit anaphorischer Formvariation, ein *Paiti*-vaŋ́ha- an; die ganze Figur ist hier also: *X* — *Präverb+X* — *Präverb+Y*.

59 Über den interessanten Vorgang der „Umdrehung" von Komposita-Gliedern des Typus Yt. 15,47 *tarō.ṯbaēšō* nąma ahmi / *ṯbaēšō.tarō* nąma ahmi (historisch klar keine „umgedrehten Komposita", vgl. SCHINDLER 1997: 540) s. SADOVSKI 2006c und 2007b.

60 Im Viṣṇusahasranāmastotra (Mbh. 13,135,36a) erscheint eine derartige Abfolge – von einem Simplex + einem Kompositum mit demselben Simplex im Vorderglied – in unmittelbarer Nähe eines Simplex-Strings aus Positiv + Superlativ: *gurur gurutamo* dhāma *satyaḥ satyaparākramaḥ*; beide Paare sind Facetten eines auch im weiteren Kontext des Namenlobhymnus mit jeweils variierenden Formmitteln präsenten Typus der Charakterisierung der Gottheit vermittels Epitheta-Gradation.

61 V.l. TS 4,5,9,2 (m): námaḥ *parṇyā̀ya* ca *parṇaśadyā̀ya* ca.

námaḥ *śrutā́ya* ca *śrutasenā́ya* ca [...]	[...] reverence be to the famous one, and to the leader of the famous army!

3.2. Eine beliebte Effektsteigerung ist die im gleichen Zusammenhang zu erwähnende Gradation vom *Simplex X* zum *Kompositum mit X im Hinterglied* und Totalitätsadjektiv im Vorderglied, wie *vā́r̥ya-* 'der Wünschenswerte/Erwünschte' :: *viśvá-vār̥ya-* 'alles Wünschenswerte/Erwünschte habend' oder 'der All-Wünschenswerte/All-Erwünschte' (cf. auch die Antiklimax *vīspa.xᵛāϑra* [...] *xᵛāϑrauuą̊* in **§ IV.4.3.** unten).

Das Viṣṇusahasranāmastotra bietet in dem Doppelvers Mbh. 13,135,90ab formal eine *Antiklimax*, absteigend von *viśva-mūrtiḥ* 'der Allgestaltige' über *mahā-mūrtiḥ*, *dīpta-mūrtiḥ* bis *a-mūrtimān* 'der Gestaltlose'. Diese[62] erweist sich jedoch als *semantische* Klimax: die totale *Gestaltlosigkeit* ist zugleich eine höhere Form der *Pan-morphie* Viṣṇus.

4. Schließlich ist die *Steigerung von Komposita* als Stilfigur in den Katalogen ausreichend vertreten, wie bei den Epitheta Ahura Mazdās in Yt. 1,15a:

hudānuš nąma ahmi	Ich bin mit Namen 'der Freigebige',
hudānuštəmō nąma ahmi	ich bin mit Namen 'der Freigebigste'

bzw. Yt. 1,12 (zu 1,13 cf. u., **§ IV.3.1.1.**):

pouru.daršta nąma ahmi	Ich bin mit Namen 'der Viel-Seher/-Sehende',
pouru.darštəma nąma ahmi	ich bin mit Namen 'der Viel-Sehendste',[63]
dūraēdaršta nąma ahmi	ich bin mit Namen 'der In-der/die-Ferne-Seher',
dūraēdarštəma nąma ahmi	ich bin mit Namen 'der In-der/die-Ferne-Sehendste'.

Gesteigert wird dabei in der Regel das Hinterglied;[64] die Alternative mit *Superlativ* im Vorderglied eines Kompositums (Typus gr. μεγιστοάνασσα[65], μεγιστοπάτωρ) tritt im Indoiraischen generell sehr selten auf und ist im Kontext der Namenlisten nicht relevant. – Somit gehen wir zu einem anderen Kapitel über, nämlich zur Rolle der *stilistischen Wiederholung*, insbesondere der *Paronomasie* und der *Alliterationserscheinungen* bei den Epitheta-Gruppen.

---

62 Cf. auch die Sequenz der Namen Nr. 24-25-26 aus der Liste der *101 Namen von Ohrmazd* (publ. bei PANAINO 2002: 124).

63 Eine alternative Wiedergabe dieses Kompositums als „wohl doch 'im besonderen Maße (Superlativ!) vielen sichtbar'" erwägt Rüdiger SCHMITT (briefl.).

64 Cf. SCHINDLER 1997: 537; AiGr 2/2,597, vgl. aber auch p. 600, § 450d.

65 Zu diesem (seltenen) Typus von griechischen Götterepitheta s. RISCH 1981: 89 (= RISCH 1949: 272); über Vg *masiiō.°* im Avestischen s. DUCHESNE-GUILLEMIN 1936: 140, § 172.

IV. PARONOMASIE UND ALLITERATIONSERSCHEINUNGEN. ANAPHER UND EPIPHER

1. Eine weitere Art der *Ausdrucksweitung* (dazu s. allgemein SADOVSKI 2006b) ist die *stilistische Wiederholung* (*sensu lato*), mit Formidentität oder Formvariation. Unter *Paronomasie* wird nach den klassischen Analysen von RECKENDORF (1909), GONDA (1959a: 232 ff.) und LAUSBERG[66] gewöhnlich die „syntaktische Beziehung zwischen zwei oder mehreren *stammverwandten* Wörtern von gleicher oder verwandter Bedeutung"[67] verstanden. Darunter lassen sich *etymologische* (insbes. die *Figura etymologica* par excellence) und *nicht-* (bzw. *pseudo-*)*etymologische* Paronomasie[68] unterscheiden. Im Indo-Iranischen ist die Aneinanderreihung stammverwandter/anklingender Wörter eines der Hauptmittel zur Bildung von *Epitheta-Serien.*

2. Unter diesem Gesichtspunkt[69] ist damit die *anaphora* eng verbunden, die Rekurrenz identischer *Stämme* (oder aber bloß *stabreimender Elemente*) am *Wortbeginn.*

2.1. Oft ist hier im Rahmen dieser Stilfigur eine *etymologische Verbindung* zwischen den Elementen vorhanden, z.B.:

2.1.1. *Vorderglieder* und *Präverbien* werden als Elemente der Anapher besonders häufig eingesetzt (cf. bereits das Beispiel aus Yt. 15,57 o., **§ II.1.3.**): In einem Atemzug nennt sich Ahura Mazdā 'der alle(s) Besiegen-

---

66 S. z.B. LAUSBERG 1990: 322-325, § 637-639; cf. auch 327, § 644; 333, § 661; s. auch p. 333-335, § 661-662 mit Anmm. (und vgl. §§ 724, 726); zur RV-Saṃhitā neuerdings KLEIN 2000 (Definition p. 134) und 2006: 197ff.; PLETT 1991: 35 (der die Paronomasie als eine der „Wiederholungsfigur der Similaritätsklasse" mit „Affinität der Wiederholung" [§ 2.3.2.] in der Subgruppe mit „phonetischer *und* semantischer Affinität" zusammen mit dem Polyptoton anführt); s. zuletzt UEDING – STEINBRINK 2005: 305f., SADOVSKI 2006b: 532-534, **§ 2.1.4.** (samt Unterabteilungen), mit Lit.

67 RECKENDORF 1909: 1; Kursive von mir.

68 Über dichter- bzw. spekulativsprachliche *Etymologisierungen* von Namen cf. SADOVSKI 2007b; zu typologisch ähnlichen Erscheinungen in Hesiods Namenkatalogen der Nereiden und Okeaniden cf. DEICHGRÄBER 1965: 191-192.

69 S. über die Verhältnisse im Indo-Iranischen SADOVSKI 2006b: 526, § **1.2.2.1.** (Anapher); 532-534, § **2.1.4.** (Paronomasie); dort auch (in einer etwas anderen Darstellungsreihenfolge) eine ausführliche Systematisierung der einschlägigen Subtypen. – Zur *anaphora* s. zuletzt KLEIN 1999 und 2006: 195ff. sowie SADOVSKI 2006b: 526, jeweils mit Lit.; über die in SADOVSKI 2006a zitierte Literatur hinaus s. noch MORTARA GARAVELLI 2003: 198-200 *et passim*; GRASSAU 2003: 61f. *et passim*; PLETT 1991: 35 (§ 2.1.5., als eine der „Wiederholungsfiguren der Positionsklasse" erfaßt); UEDING – STEINBRINK 2005: 304; *Dizionario UTET* 2004: 15a.

de', 'der alle(s) Gestaltende', 'der alles Glück Verschaffende' (*vīspa*uuane, *vīspa*tašə[70], *vīspa.*xᵛāϑra).[71] Ähnliche lange Reihen beinhalten die Epitheta mit *identischen Vordergliedern* und semantischem Parallelismus[72] *im Hinterglied*, wie zum Beispiel die Namen Viṣṇus aus *mahā-* plus Wörtern für 'Potenz, Kraft' im Viṣṇusahasranāmastotra (Mbh. 13,135,31cd-32ab):

atīndriyo *mahā*māyo *maho*tsāho *mahā*balaḥ *mahā*buddhir *mahā*vīryo *mahā*śaktir *mahā*dyutiḥ	[...] dessen (Sinnes-)Kraft überaus (groß) ist, dessen Māyā-(Zauberkraft) groß ist, dessen Gewalt groß ist, dessen Stärke groß ist, dessen Einsichtskraft/Weisheit groß ist, dessen Manneskraft groß ist, dessen Potenz groß ist, dessen (Herrschafts-)Glanz groß ist.

2.1.2. Das Gleiche finden wir wieder in anthroponomastischen Systemen bei *Erb-* bzw. überhaupt *Verwandtennamen*: Es ist das „umgekehrte Hildebrant-Syndrom"[73] mit *Wiederholung gleicher Stämme* (nicht nur *als Hinterglieder*, sondern auch) *als Vorderglieder*: ein Musterbeispiel aus dem Jungavestischen liefert Yt. 13,134 mit den acht *Ātərə*-Komposita – *Ātərəuuanu-*, *Ātərəpāta-*, *Ātərədāta-* (reimend, nur um einen Konsonanten verschieden)[74],

---

[70] Zu *vīspatašə* 'der alles Zimmernde' cf. im Veda die beiden sich gegenseitig ergänzenden Epitheta Tvaṣṭars *tákṣan-* 'der Zimmernde/Zimmermann' (zu Wort und Etymologie s. MAYRHOFER 1992: 1,613f.) und *viśvárūpa-* 'der alle Gestalten/Formen Habende/*Schaffende*' (insbes. im YV bekanntlich v.a. als Name des Sohnes des Tvaṣṭar).

[71] Yt. 1,14:

*vīspa*uuane nąma ahmi	Ich bin mit Namen 'der alle(s) Besiegende',
*vīspa*tašə nąma ahmi	ich bin mit Namen 'der alle(s) „Zimmernde"/Gestaltende',
*vīspa.*xᵛāϑra nąma ahmi	ich bin mit Namen 'der alles Glück Habende/Verschaffende'.

[72] Es handelt sich hierbei nicht einfach um eine bloße „Synonymie" (zu letzterem Stilmittel s. LAUSBERG 1990: 329-332; SADOVSKI 2006b: 536, § **2.3.4.**): die semantisch verbundenen Elemente treten hier charakteristischerweise in Paaren/Gruppen auf, wobei die einzelnen Gruppen oft im Streben nach Vollständigkeit aufgebaut sind und bestimmte theologisch, kosmologisch, anthropologisch bzw. axiologisch relevante Kategorien umfassen.

[73] Zum analogen Phänomen mit Hinterglied-Wiederholung bzw. -Epipher s.o., § **II.2.1.** und u., § **IV.3.1.2.** Beispiele aus dem Griechischen bei HIRZEL 1918: 31-35 (mit Lit., z.B. p. 32, Fußn. 8). — Die bedingte, benennungstechnisch auf Begriffen wie „reverse of Lindeman's Law" etc. aufbauende Bezeichnung als „umgekehrtes Hildebrandt-Syndrom" ist natürlich *cum grano salis* aufzufassen; das Phänomen ist vielschichtiger und kann, zumindest theoretisch, nicht nur die Wiederholung von Vordergliedern von Komposita betreffen, sondern auch die von SCHMITT 2000: 57 als „Typus c2" bezeichneten, auf dem *Hinterglied* eines Kompositums beruhenden „Kosenamen", deren Wiederaufnahme dann als *Stamm* ('Stock') bzw. *Vorderglied* eines (Deszendenten-)Namens hier in § **II.2.3.** beschrieben wird.

[74] Mit einer Art „Amphi-phora" aus *Anapher* + *Epipher* zugleich (ähnlich [jedoch nicht gleich] einer Symploke/*complexio*); cf. § **II.2.2.**, Fußn. 49 sowie § **IV.3.3.** mit Fußn. 89.

Ātərəciϑra-, *Ātərəx^varənah-*, *Ātərəsauuah-*, *Ātərəzaṇtu-*, *Ātərədaŋ́hu-*.[75] Aus anderen idg. Sprachen s. etwa die im Nereidenkatalog Homers (Il. 18,38ff., spez. 47) nebeneinander auftretenden Schwesternamen „Ἰάνειρά τε καὶ Ἰάνασσα“, cf. auch die in den vorangehenden Versen 44 bzw. 46 bezeugten, miteinander ebenso durch *Anapher* verbundenen Nereidennamen Καλλιάνειρα und Καλλιάνασσα, deren „Ausgänge“ die Namen Ἰάνειρα und Ἰάνασσα *epiphorisch* wieder aufnehmen (etymologisch korrekt im Falle der Hinterglieder -άνειρα und -άνασσα, reiner Anklang im Falle des über morphologische Junkturen hinausgehenden Strings °ια° gegenüber dem davon unabhängigen Ἰά°) bzw. in sich völlig einschließen (cf. §§ **IV.3.1.3.** und **IV.3.3.** mit Fußn. 89). — Vgl. die nach diesem Prinzip gestalteten Personen-Namen der mythischen Söhne des Odysseus (Paare von Halb-Brüdern) wie *Τηλέ*-μαχος und *Τηλέ*-γονος, aber auch *Ναυσί*-θοος und *Ναυσί*-νοος[76]; *Πολυ-ποιητής* und *Πολι-πορθής*[77] (sowie den Kontaminationen bei späteren Autoren). Bei letzterem Paar handelt es sich um Anapher/Alliterationen etymologisch unterschiedlicher, jedoch lautlich aneinander anklingender Vorderglieder (s. gleich u., § **IV.2.2.** sowie § **IV.3.2f.**); in den Namen der Söhne werden dabei z.T. Allusionen an typische *Epitheta des Vaters* reflektiert: *Πολι-πορθής* entspricht sichtbar dem Beiwort Odysseus' *πτολί-πορθος* (B 278; K 363; θ 3; ξ 447; π 442; σ 356; χ 283; ω 119); *Πολυ*-ποιητής korrespondiert mit einer Reihe von (mindestens acht verschiedenen) Epitheta wie *πολύ*-τροπος etc. Vgl. auch die Parallelen in § **II.2.2.** mit Fußn. 49.

Als ein Beispiel für die Abfolge „Simplex“ ~ Kompositum (§ **II.2.3.** oben) cf. weiters die Namen des Satrapen von Phrygien *Φαρνά*-κης und seines Sohnes *Φαρνά*-βαζος.[78]

---

75 MAYRHOFER 1977a: 28-30 mit Lit.; MAYRHOFER 1977b: 21, § 4.3.7. mit Fußn. 90; 35, § 4.7., Anm.; SCHMITT 2000: 8, 101; SADOVSKI 2007b.

76 Z.B. bei Hesiod, Theog. 1017-1018; auch diese Namen unterscheiden sich nur um einen Konsonanten.

77 Etwa in der *Epitome* [II] der *Bibliotheca [mythologica]* von Apollodoros (ed. Wagner), 7,35.

78 Interpretiert von SCHMITT 2003b: 289f. als **Farna-vazdah-* ‘durch Farnah Gedeihen habend, dem Farnah Gedeihen verschaffend (o.ä.)’ oder, alternativ, als „rein mechanische Zusammenrückung zweier Namenelemente ohne Rücksicht auf deren Bedeutung“ (≠ WERBA, 1982: 394: **Farnah-bāzu-* „Arm (: Stütze) des Farnah“) [oder aber als *iṣuhasta*-Kompositum (zum Typ s. SCHINDLER 1986: 395; 1997: 539f.): „dessen Arm mit Farnah versehen ist“, „F. haltend“]. – Zu (Vor-)Geschichte und Verbreitung der mit dem Element **farnah-* gebildeten (alt)iranischen Namen s. nun speziell SCHMITT 2006b (sowie SCHMITT 2006a, *passim*, mit ausführlichen Dossiers zu einzelnen Bildungen).

2.2. Bei der Anapher in Epitheta ist, wie teilweise bereits in den gerade angeführten homerischen Beispielen ersichtlich, ein etymologischer Zusammenhang nicht unbedingt gegeben:

2.2.1. Die Gruppierung der Prädikationen vollzieht sich nach *semantisch-assoziativen Prinzipien*, mit internen (oft dezidiert esoterischen) Allusionen, welche durch die Ähnlichkeit in der Lautform evoziert werden und dann gemäß innerer, durch opulente Kreativität gekennzeichneter Assoziations„logik" nach allen Richtungen hin ausgebaut werden. Man vergleiche etwa bei den Namen *Víṣṇu*s den Beginn des Viṣṇusahasranāmastotra: „*viś*vaṃ *viṣ*ṇuḥ" 'Viṣṇu (ist) alles/das All' und den weiteren Ausbau dieser Anspielung – unter Verwendung sowohl des Pronominaladjektivs *viśva-* als aber auch des Präverbs *vi-* (im Kontext vor *-ś-/-ṣ-*), wie in *vi-ś*rāma-, ungeachtet der Herkunftsverschiedenheit:

Mbh. 13,135,39b: *viśva*dhṛg *viśva*bhug *vi*bhuḥ (mit Stabreim *viś*° bzw. *vi*° vom Vorderglied und dem Präverb), und weiters Mbh. 13,135,58d: *viś*rāmo *viś*vadakṣiṇaḥ[79].

2.2.2. Eine weitere Gruppe bildet die stilisiert-lautmalerische Form des Stabreims des Typus *O Tite tute Tati, tibi tanta, tyranne, tulisti*![80] Ähnliches liegt in den seit DE SAUSSURE bekannten *Alliterationen* der Silbe *vā*(*y*)- bei *Vāyú*-Anrufungen im RV vor, darüber hinaus in Viṣṇu-Benennungen wie Mbh. 13,135,27cd:

vedo vedavid avyaṅgo *vedāṅgo vedavit* kav*i*ḥ |.[81]

3. Das Gegenstück zur Anapher als Methode der Epithetahäufung ist die *epiphora*:[82]

3.1. Auch hier kann ein *etymologischer Bezug* vorhanden sein, z.B.:

3.1.1. bei Epipher von gleichen *Hintergliedern*: so in zahlreichen Epitheta Viṣṇus des Typs *lokādhyakṣa-*, *surādhyakṣa-* und *dharmādhyakṣa-* –

Mbh. 13,135,28ab [cf. 13,17,74cd]: lok*ādhyakṣaḥ* sur*ādhyakṣo* dharm*ādhyakṣaḥ* kṛtākṛtaḥ –,

---

[79] Mit Stabreim *viś*°; das Ganze, wie so oft, mit *Viṣṇu-* assonierend; andere Beispiele s. bei GONDA 1970a: 73 mit Fußn. 22.

[80] Q. Ennius, *Annales* 1,104.

[81] Mit Kombinationen aus etymologischer und nichtetymologischer Paronomasie, Anaphern und Epiphern.

[82] Cf. zuletzt (mit Lit.) SADOVSKI 2006b: 526f., § **1.2.2.2.**; allg. zur Figur: LAUSBERG 1990: 361-363, §§ 724-732, MORIER 1989: 448, s.v. „épiphore", und 449, s.v. „épistrophe"; PLETT 1991: 35 (§ 2.1.6.); UEDING – STEINBRINK 2005: 304; des weiteren GRASSAU 2003: 62, mit russ. Beispielen *passim*; ARTHUR QUINN – LYON RATHBUN, in: ENOS (ed.) 1996: 232a; *Dizionario UTET* 2004: 120b. Zur Sonderfigur der „Antepiphora" s. MORIER 1989: 112.

in den Epitheta Miϑras aus dem bereits o., **§ II.1.1.** zitierten Passus Yt. 10,144 sowie bei den Namen Vaiius, etwa in Yt. 15,45:

fracarə nąma ahmi, *aipicarə* nąma ahmi
aipiδbaoγə nąma ahmi, **fraδbaoγə* nąma ahmi[83]
'Der Hervorstürmende heiße ich, der Hinterherstürmende heiße ich,
der hinterher Einbiegende heiße ich, der Wegbiegende heiße ich'.
(Konjektur und Übersetzung WIKANDER 1941: 8)

oder in den bereits in einem anderen Kontext (o, **§ I.4.**) angesprochenen Selbstcharakterisierungen Ahura Mazdās in Yt. 1,13:

isə.*xšaϑra* nąma ahmi	Ich bin mit Namen 'dessen Macht (in) sein(em) Wille(n) ist',
isə.*xšaϑriiōtəmō* nąma ahmi	ich bin mit Namen 'dessen Macht in sehr hohem Maße/ am meisten (in) sein(em) Wille(n) ist',
nąmō.*xšaϑrō* nąma ahmi	ich bin mit Namen 'dessen Macht (in) sein(em) Name(n) ist',
nąmō.*xšaϑriiōtəmō* nąma ahmi	ich bin mit Namen 'dessen Macht in sehr hohem Maße/ am meisten (in) sein(em) Name(n) ist'.

Bei letzteren zwei Paaren (sowie auch in der Konstruktion in Yt. 1,12 o., **§ III.4.**) geht die *Epipher* (jeweils von *-xšaϑra* in ungradzahligen und von *-xšaϑriiōtəmō* in gradzahligen Versen), samt Gradation (X-*xšaϑra* : X-*xšaϑriiōtəmō*), Hand in Hand mit paarweiser Anapher (von *isə-* und von *nąmō-* in beiden jeweiligen Nachbarverspaaren) und syntaktischem *Parallelismus membrorum.*[84] Zahlreiche Beispiele dazu liefert auch das Śatarudrī̆ya: Ein besonders kunstvolles enthält VS 16,41 – mit „horizontal" (je 2x *-bhavā́ya* und *-karā́ya*) positionierten Epipher- und „vertikal" (je 2x *śam-* und *mayas-*), an parallelen Versstellen, auftretenden Anapher-Paaren:

námaḥ ***śam****bhavā́ya* ca ***mayo****bhavā́ya* ca	Reverence be to the gentle and the friendly one!
námaḥ ***śaṃ****karā́ya* ca ***mayas****karā́ya* ca	reverence be to the peaceful and pleasing one! (E.)

3.1.2. Wieder einmal ähnlich vollzieht sich auch die Namengebung in Verwandtensippen. Es ist dies das klassische „Hildebrant-Syndrom" in Deszendenten-Genealogien oder aber bei kollateraler Verwandtschaft – die bekannte Triade von *Heri-brant*, Heribrands Sohn *Hilti-brant* und Hildebrands Sohn *Hadu-brant*:[85] Entsprechend heißen drei Brüder in Yašt 13,108

---

83 *fra*-X : *aipi*-X / *aipi*-Y : *fra*-Y: zugleich *Chiasmus* der Vorderglieder, kombiniert mit *Parallelismus membrorum* im Falle der Hinterglieder.

84 Cf. im Falle der Anapher das Beispiel aus dem RV 10,81,3ab in **§ II.1.3.** oben.

85 Aus der reichen Literatur s. etwa SCHRAMM 1957: (53-)54 (mit Fußn. 1); GEUENICH 1996: 1724 (Kapitel 2: 'Personennamen und die frühmittelalterliche Familie/Sippe/Dynastie'; cf.

Dāraiiat̰.raϑa-, *Frāraiiat̰.raϑa-*, *Skāraiiat̰.raϑa-*, jeweils mit Epipher,[86] genauso wie im Falle der oben in §§ **II.2.1.** und **II.2.5.** angeführten Namen;[87] ähnlich haben wir in den Nereiden-Katalogen Homers (Il. 18,38-49; die daselbst belegten Namen stellen laut v. 49 nur eine Auswahl dar) und Hesiods (Theog., vv. 240-264: „50“ Namen) sowie im Okeaniden-Katalog der Theogonie (337-366: Auswahl nur der ältesten unter insgesamt „dreitausend“ Okeaniden [v. 362-366]) mehrfache *Epipherpaare* von Schwesternamen wie in zwei benachbarten Versen bei Hesiod (Theog. 257f.):

Λει*αγόρη* τε καὶ Εὐ*αγόρη* καὶ Λαομέδεια
Πουλυ*νόη* τε καὶ Αὐτο*νόη* καὶ Λυσιάνασσα.

3.1.3. Die Epipher tritt auch nach Präverbien auf, wobei sie entweder ganze Stämme oder aber Teilelemente erfaßt. Diese Fälle sind ein weiterer gemeinsamer Nenner aller Listen, so in jener der Namen des Vaiiu – Yt. 15,47a:

ā*iiaozō* nąma ahmi	Ich bin mit Namen 'der Heranjager',
pā*iiaozō* nąma ahmi	ich bin mit Namen 'der Wegjager',
viuu*aozō* nąma ahmi	ich bin mit Namen 'der Auseinanderjager',

weiterhin im Zweiten Namenkatalog von Ahura Mazdā – Yt. 1,14a:

a*δauuiš* nąma ahmi	Ich bin mit Namen 'der keinen Trug hat/betreibt',
vī*δauuiš* nąma ahmi	ich bin mit Namen 'der den Trug weg hat/wegtreibt',

sowie im Śatarudrīya – VS 16,46:

náma ā*khidaté* ca pra*khidaté* ca	Reverence be to the snatcher, and to the repeller!

mit weiterer Variation des Präverbs an den Parallelstellen aus KS bzw. TS (4,5,9,2 [o]):

náma ā(*k*)*khidaté* ca vi(*k*)*khidaté* ca	Reverence to the snatcher, and to the compeller!

3.1.4. Schließlich kann die Epipher im breiteren Kontext der Figur des *Homoioteleuton*s[88] situiert werden, wodurch der Vergleichshorizont um

im gleichen Kompendium [Eichler et al. (Hrsg.) 1995-1996] auch p. 9, 346, 1726), Schmitt 2000: 10, 20, 148, Sadovski 2006c, jeweils mit Bibl.

86 Zu den entsprechenden *Anapher*-Häufungen bei Komposita-Vordergliedern s.o. § **II.2.2.** mit Fußn. 49 sowie § **IV.2.1.2.** – Zu den Namen s. Mayrhofer 1977a: s.vv.

87 Cf. Mayrhofer 1977b: 26, § 4.4.3.2. mit Fußn. 126, Weiteres bei Schmitt 2000: *l. cit.* und p. 101, sowie bei Sadovski 2007b.

88 Ausführlich zu dieser Figur und deren Subdivisionen im Avestischen Sadovski 2006b: 530, § **2.1.2.** (Homoioteleuton); darunter § **2.1.2.1.** zum Homoioptoton; allgemein s. die

zahlreiche weitere stilistisch-typologische Parallelen erweitert wird – von Relevanz ist hier etwa die Wiederholung von *morphologischen Elementen* wie Suffixen für Nomina agentis (spaš*ta*, vī*ta*, dā*ta*, pā*ta*, ϑrā*ta*, žnā*ta*) in der Aufzählung von Yt. 1,13:

spaš*ta* nąma ahmi	Ich bin mit Namen 'Späher/Seher',
vī*ta* nąma ahmi	ich bin mit Namen 'Verfolger',
dā*ta* nąma ahmi	ich bin mit Namen 'Geber/Schöpfer',
pā*ta* nąma ahmi	ich bin mit Namen 'Schützer',
ϑrā*ta* nąma ahmi	ich bin mit Namen 'Wächter',
žnā*ta* nąma ahmi	ich bin mit Namen 'Kenner',
[žnōiš*ta* nąma ahmi]	[ich bin mit Namen 'Bestkenner'].

3.2. *Alliterationserscheinungen*, analog jenen bei der Anapher, sind Legion – hier nur ein charakteristisches Beispiel aus der Bhagavadgītā:

BhG 9,20a (= Mbh. 6,31,20a): soma*pāḥ pū*ta*pāpā* 'der Somatrinker, von Übel gereinigt'.

3.3. Gelegentlich kommen auch *reimartige Bildungen* vor,[89] so bei mehreren Namen von Vaiiu, mit aneinander anklingenden Hintergliedern, manchmal auch *Vorder*gliedern: sogar *herkunftsverschiedene* Sequenzen, wenn nur *reimend*, können eine Namenserie bilden, wie in Rām-Yašt (Yt. 15,54):

d*ərəzi*.yaoxəδrō b*ərəzi*.pāδō	[...] der mit festen Fesseln, mit hohen Füssen [...]

Beliebt sind derartige Gruppen mit Anspielungen auf Eigenschaften oder Funktionen der Gottheit vermittels gezielt eingesetzter Anklangsassoziationen wie im Falle von *Viṣṇu*s Epitheton/Namen *Jiṣṇu-*. Ähnliche morphologisch bzw. etymologisch uneinheitliche *Assonanz-Sequenzen* erscheinen auch in den Katalogen von *Personennamen*: in Paaren/Gruppen von Verwandten

---

Studien von KLEIN 2002 und SADOVSKI 2007a. – Dazu vgl. etwa (insbes. zum Homoioteleuton) LAUSBERG 1990: § 725-728, über das Homoioptoton *ibid.* 363f., § 729 (Vergleich: 364, § 731); UEDING – STEINBRINK 2005: 309; UEDING (Hrsg.) 1992ff.: 4,1531-1535 (Homoioteleuton) und 1529-1531 (Homoioptoton); MORIER 1989: 519; KOLMER – ROB-SANTER 2002: 56-58 (unter „Klangfiguren", § 3-4); *Dizionario UTET* 2004: 283b-284a (*ibid.* 284a auch zum Homoioptoton); s. auch PLETT 1991: 40 (§ 2.4.1.), der beide Figuren im Rahmen der „Assonanz" als eine der „Wiederholungsfiguren der Extensionsklasse" aufscheinen läßt.

89 Zu den komplexen 'Epiphern' (oft mit Variation einer einzigen Silbe am Kolon- oder Vers-Anfang) im Indo-Iranischen s. SADOVSKI 2006b: 526f., § **1.2.2.2.**; zum Reim *ibid.*, 530, § **2.1.2.2.** Vgl. Beispiele aus den Katalogen mit Menschennamen wie Yt. 13,109 *Amraoš – Camraoš*; Yt. 13,134 („Amphi-phora"!) *Ātərəpāta- – Ātərədāta-* (cf. auch SADOVSKI 2007b) sowie typologische Parallelen aus dem Griechischen wie *Ἱππο-*θόη und *Ἱππο-*νόη (o., § **II.2.2.**, Fußn. 49).

(v.a. „diachronisch", bei Deszendenten, insbesondere [Groß-]Vater/Sohn; seltener „synchronisch", bei Brüdern, Schwestern): in Yt. 13,123 wird die Frauuaṣ̌i des Aēt*auua*-, Sohn des Māi*auua*- verehrt, wobei beide Namen zwar herkunftsverschieden sind (*Māiauua*- wohl aus Patronymikon; jav. *Aētauua*- aus **ai̯tagu̯a*-, ved. *étagva*-, cf. MAYRHOFER 1977b: 26), aber immerhin miteinander *reimen*.[90]

4.1. Was die *Figuren des Phrasen- und Satzbaus* anbelangt, so sind wir bisher bereits zahlreichen Fällen des *syntaktischen* Parallelismus membrorum begegnet. Darüber hinaus kommt häufig auch ein *semantischer Parallelismus* – im Falle von *Epitheta*-Häufung nach (beliebig ausdehnbaren) *Wortfeldgruppen* vor: In Yt. 15,46 sagt Vaiiu:

auruuō nąma ahmi [...]	Ich bin mit Namen 'der Schnelle' [...]
taxmō nąma ahmi [...]	ich bin mit Namen 'der Starke' [...]
dərəzrō nąma ahmi [...]	ich bin mit Namen 'der Feste' [...]

4.2. Nicht selten ist der *Chiasmus*, die symmetrische Abfolge der Satzelemente nach der Formel *a b b a*: so in dem bereits in anderem Zusammenhang angesprochenen Beispiel aus Yt. 15,45: fracarə (***a***) :: aipicarə (***b***) — aipiδbaoγə (***b***) :: *fraδbaoγə (***a***):

fracarə nąma ahmi, *aipicarə* nąma ahmi
aipiδbaoγə nąma ahmi, **fraδbaoγə* nąma ahmi
Der Hervorstürmende heiße ich, der Hinterherstürmende heiße ich,
der hinterher Einbiegende heiße ich, der Wegbiegende heiße ich. [Konjektur WIKANDER ad loc.]

Chiastisch ist die häufigste Form der *námas*-Litaneien im Śatarudrīya – *namas X, Y namas* [= *a b b a*], wie in VS 16,17:

námo híraṇyabāhave senānⁱyè diśā́ṃ ca pátaye *námo* *námo* vr̥kṣébhⁱyo hárikeśebhⁱyaḥ paśūnā́ṃ pátaye *námaḥ*.	Reverence be to the golden-armed leader of hosts, and to the lord of regions be reverence! reverence be to the green-haired trees, and to the lord of beasts be reverence!

Bei allen diesen Satzbau-Konstruktionen sind oft zugleich komplexe, kombinierte stilistische Figuren im Spiel – so auch in diesem Fall, in dem die einzelnen Hemistichien in sich jeweils eine Chiasmus-Relation – *namo* [*a*] X [*b*], Y [*b*] *namo* [*a*] – beinhalten, sich untereinander aber im Verhältnis eines *Parallelismus membrorum* befinden – auf syntaktischer (*namo* X', Y' *namaḥ* /

---

[90] Cf. wiederum im Falle der Götternamen die Verbindung der, morphologisch gesehen, „voll-"epiphorischen *āiiaozō* und *pāiiaozō* mit dem reimenden, aber nur partiell entsprechenden viuu*aozō* aus dem o., § **IV.3.1.3.** kommentierten Passus Yt. 15,47.

namo X", Y" *namaḫ*) und, jeweils im zweiten Teil (*Y'* || *Y"*), auch auf semantischer Ebene ([...] *diśā́ṃ ca pátaye* námo || [...] *paśūnā́ṃ pátaye* námaḥ).

4.3. Interessant ist die „*Spiegelbild-Komposition*" der Epitheta in den folgenden acht Versen von Yašt 1,14, mit der zu beobachtenden Bewegung von der Antiklimax über die Vorderglied-Anapher bei (gleichrangigen) Positiva (*Vg-X* ~ *Vg-Y*) zur Klimax:

vīspa.xᵛāϑra nąma ahmi	Ich bin mit Namen 'der alles Glück Habende/Verschaffende',
pouru.xᵛāϑra nąma ahmi	ich bin mit Namen 'der viel Glück Habende/Verschaffende',
xᵛāϑrauuå nąma ahmi	ich bin mit Namen 'der Glück Habende/Verschaffende'
vərəzi.saoka nąma ahmi	ich bin mit Namen 'dessen Nutzen wirksam ist'
vərəzi.sauuå nąma ahmi	ich bin mit Namen 'dessen Stärke wirksam ist'
səuuī nąma ahmi	ich bin mit Namen 'der Nützende'
sūrå nąma ahmi	ich bin mit Namen 'der Starke'
səuuišta nąma ahmi	ich bin mit Namen 'der Stärkste'!

Hier begegnen wir in der ersten Triade einer *Antiklimax*, vom *vīspa.*-Kompositum zum Simplex: *vīspa.xᵛāϑra* : *pouru.xᵛāϑra* : *xᵛāϑrauuå*. Darauf folgt eine *Anapher* mit identischen *Vordergliedern* und bedeutungsähnlichen *Hintergliedern*: *vərəzi.saoka* :: *vərəzi.sauuå*, die auf der Ebene der Paronomasie den Übergang zur zweiten Trias bilden. Das Ganze wird von der besagten zweiten Trias mit aufsteigender, teils durch morphologische Formvariation bzw. etymologische *Paronomasie* (Pos. *səuuī* : *sūrå*) gekennzeichneter *Klimax* (*səuuī/sūrå* : *səuuišta*) abgeschlossen.

5. Die in vorliegender Darstellung demonstrierten Gemeinsamkeiten der iranischen und indischen Götternamen-Hymnen zeugen sowohl in strukturell-typologischer Großperspektive als auch mit zahlreichen Details der Stilistik des dichtersprachlichen Ausdrucks und vermittels einer Reihe semasiologischer und onomasiologischer Parallelitäten erneut von der Notwendigkeit, die indo-iranischen Epitheta und Eigennamen Hand in Hand mit der Sprache der indo-iranischen Poesie zu untersuchen – eine Forschungsaufgabe, die in der mit diesem Beitrag eröffneten Serie von Studien[91] weiterverfolgt werden wird.

---

[91] Das kumulative Ergebnis dieser Detailarbeiten soll einerseits eine Gesamtuntersuchung zur Namen- und Epithetabildung des Indo-Iranischen mit Hinblick auf die Verfestigung freier Syntagmen zu (komponierten) Beiwörtern (Attributen, Epitheta, Namen), wie oben, Fußn. 1, angekündigt, andererseits eine die Resultate von Teilbereich-Studien zu den Stilfiguren im Avesta und Veda (wie SADOVSKI 2006b) zusammenfassende allgemeinere Abhandlung zur Stilistik der indo-iranischen Poesie sein.

[S. 66 – vacat!]

V. LITERATUR- UND ABKÜRZUNGSVERZEICHNIS

AiGr 1-3 = WACKERNAGEL, Jacob: *Altindische Grammatik.* Göttingen. Band I: *Lautlehre.* 1896 [dazu RENOU, Louis: *Introduction générale, nouvelle édition du texte paru en 1896.* 1957]. Band II, Teil 1: *Einleitung zur Wortlehre. Nominalkomposition.* 1905. Band II, Teil 2: *Die Nominalsuffixe.* Von Albert DEBRUNNER. 1954. Band III: *Nominalflexion – Zahlwort – Pronomen.* Von JACOB WACKERNAGEL und Albert DEBRUNNER. 1930. *Nachträge zu Band II,1.* Von Albert DEBRUNNER. 1957. *Register* [...] *(Bd. I–III).* Von Richard HAUSCHILD. 1964.

ANKLESARIA 1888 = ANKLESARIA, T. D.: *Avesta. The Sacred Books of the Parsis.* Part I: *Yasna ba Nirang.* From Professor Westergaard's Edition of the Zend Avesta. Bombay 1888.

ANTIA 1909 = ANTIA, E. K.: *Pâzend Texts Collected and Collated.* Bombay 1909.

ARBMAN 1922 = ARBMAN, Ernst: *Rudra.* Untersuchungen zum altindischen Glauben und Kultus. Inauguraldissertation. (Uppsala Universitets Årsskrift 1922: Filosofi, Språkvetenskap och Historiska Vetenskaper 2). Uppsala 1922.

BENVENISTE 1940 = BENVENISTE, Emile: *Textes sogdiens.* Paris 1940.

BÜHNEMANN 1983 = BÜHNEMANN, Gudrun: *Budha-Kauśika's Rāmarakṣāstotra.* A Contribution to the Study of Sanskrit Devotional Poetry. Vienna 1983.

BÜHNEMANN 1984 = BÜHNEMANN, Gudrun: 'Some Remarks on the Structure and Application of Hindu Sanskrit Stotras'. Wiener Zeitschrift für die Kunde Südasiens 28, 1984, 73-104.

BÜHNEMANN 1986 = BÜHNEMANN, Gudrun: *Stotramālā. „An die Götter".* Eine Auswahl von Sanskrit in deutscher Übersetzung. (Texte und Übersetzungen 1). Wichtrach 1986.

CERETI – MAGGI – PROVASI (eds.) 2003 = CERETI, Carlo G. – MAGGI, Mauro – PROVASI, Elio (eds.): *Religious themes and texts of pre-Islamic Iran and Central Asia.* Studies in honour of Professor Gherardo Gnoli on the occasion of his 65th birthday on 6th December 2002. Wiesbaden 2003.

DAS – MEISER 2002 = DAS, Rahul Peter – MEISER, Gerhard (Hrsg.): *Geregeltes Ungestüm. Bruderschaften und Jugendbünde bei indogermanischen Völkern.* (Veröffentlichungen zur Indogermanistik und Anthropologie 1). Bremen 2002.

DEICHGRÄBER 1965 = DEICHGRÄBER, Karl: *Die Musen, Nereiden und Okeaninen in Hesiods Theogonie. Mit einem Nachtrag zu Natura varie ludens.* (Abhandlungen der Akademie der Wissenschaften und der Literatur in Mainz. Geistes- und Sozialwissenschaftliche Klasse, Jg. 1965,4). Wiesbaden 1965.

DOCTOR – PHALIPPOU 2002 = DOCTOR, Raiomond – PHALIPPOU, Éric: 'The List of the 125 Names of Hormazd Brought Back from India by Anquetil-Duperron. A Commented Edition'. In: PANAINO 2002: 131-154.

Dizionario UTET 2004 = *Dizionario di retorica e stilistica.* [A cura di Giovanni BÁRBERI SQUAROTTI, Giovanna GORRASI, Walter MELIGA e Carlo MOLINARO]. Torino: UTET 2004.

DUCHESNE-GUILLEMIN 1936 = DUCHESNE-GUILLEMIN, Jacques: *Études de morphologie iranienne.* Vol. I: *Les composés dans l'Avesta.* (Bibliothèque de la Faculté de Philosophie et Lettres de l'Université de Liége 74). Paris – Liége 1936.

EGGELING 1-5 = *The Satapatha-Brâhmana according to the text of the Mâdhyandina School.* Translated by Julius EGGELING. Part I-V. (Sacred Books of the East 12, 26, 41, 43, 44). Oxford 1882-1900. [Reprint: Delhi 1978-1979].

EICHLER et al. (Hrsg.) 1995-1996 = *Namenforschung / Name Studies / Les noms propres. Ein internationales Handbuch zur Onomastik.* Hrsg. von Ernst EICHLER – Gerold HILTY – Heinrich LÖFFLER – Hugo STEGER – Ladislav ZGUSTA. Berlin – New York. 1. Teilband. (Handbuch der Sprach- und Kommunikationswissenschaft 11,1), 1995. 2. Teilband. (Handbuch der Sprach- und Kommunikationswissenschaft 11,2), 1996.

ENOS (ed.) 1996 = *Encyclopaedia of Rhetoric and Composition: Communication from Ancient Times to the Information Age.* Edited by Theresa ENOS. New York – London 1996.

GELDNER 1-4 = GELDNER, Karl Friedrich: *Der Rig-Veda.* Aus dem Sanskrit in Deutsche übersetzt und mit einem laufenden Kommentar versehen. (Harvard Oriental Series 33-36). Cambridge, Mass. – London – Wiesbaden. I-III, 1951; IV: *Namen- und Sachregister zur Übersetzung, dazu Nachträge und Verbesserungen.* Aus dem Nachlaß des Übersetzers herausgegeben, geordnet und ergänzt von JOHANNES NOBEL. 1957.

GERSHEVITCH 1959 = GERSHEVITCH, Ilya: *The Avestan Hymn to Mithra.* Cambridge 1959.

GEUENICH 1996 = GEUENICH, Dieter: 'Personennamen und Personen- und Sozialgeschichte des Mittelalters'. In: EICHLER et al. (Hrsg.) 1995-1996: 1719-1725 [Artikel 267].

GIMARET 1988 = GIMARET, Daniel: *Les noms divins en Islam.* Exégèse lexicographique et théologique. (Patrimoines: Islam). Paris 1988.

GLADIGOW 1975 = GLADIGOW, Burkhard: 'Götternamen und Name Gottes. Allgemeine religionsgeschichtliche Aspekte'. In: STIETENCRON (Hrsg.) 1975: 13-32.

GLADIGOW 1981 = GLADIGOW, Burkhard: 'Gottesnamen (Gottesepitheta)'. In: *Reallexikon für Antike und Christentum.* Band 11. Stuttgart 1981, Sp. 1202-1238.

GLADIGOW 1993 = GLADIGOW, Burkhard: 'Gottesvorstellungen'. In: CANCIK, H. – GLADIGOW, B. – LAUBSCHER, M. (Hrsg.): *Handbuch religionswissenschaftlicher Grundbegriffe.* Band III. Stuttgart etc. 1993, 32-49. — 'Name'. Ibidem, p. 209-212. — 'Interpretationsmodelle'. Ibidem, p. 289-298.

GONDA 1959a = GONDA, Jan: *Stylistic Repetition in the Veda.* (Verhandelingen der Koninklijke Nederlandse Akademie van Wetenschappen. Afd. Letterkunde. Nieuwe reeks 65,3). Amsterdam 1959.

GONDA 1959b = GONDA, Jan: *Epithets in the Ṛgveda.* (Disputationes Rheno-Traiectinae 4). 's-Gravenhage 1959.

GONDA 1970a = GONDA, J[an]: *Notes on Names and the Name of God in Ancient India*. (Verhandelingen der Koninklijke Nederlandse Akademie van Wetenschappen. Afd. Letterkunde. Nieuwe reeks 75,4). Amsterdam – London 1970.

GONDA 1970b = GONDA, Jan: *Viṣṇuism and Śivaism*. A Comparison. (Jordan Lectures in Comparative Religion 9,1969). London 1970.

GONDA 1977 = GONDA, Jan: *Mediaeval Religious Literature in Sanskrit*. (*History of Indian Literature*. Ed. by Jan GONDA. Vol. II, Fasc. 1). Wiesbaden 1977.

GONDA 1979 = GONDA, Jan: 'The Śatarudriya'. In: NAGATOMI, M. – MUTILAI, U. K. – MASSON, J. M. – DIMOCK, E. (eds.): *Sanskrit and Indian Studies*. Essays in honor of Daniel H. H. Ingalls. Dordrecht – Boston – London 1979 [1980], 75-91.

GRASSAU 2003 = GRASSAU, Catharina Silke: *Rhetorische Figuren und Tropen (стилистические фигуры и тропы)*; für Studierende der russischen Philologie zusammengestellt und erklärt. Tübingen 2003.

HILLEBRANDT 1927-1929 = HILLEBRANDT, Alfred: *Vedische Mythologie*. Zweite veränderte Auflage in zwei Bänden. I, Breslau 1927. II, Breslau 1929.

HIRZEL 1918 = HIRZEL, R.: *Der Name*. Ein Beitrag zu seiner Geschichte im Altertum und besonders bei den Griechen. (Abhandlungen der Sächsischen Akademie der Wissenschaften. Phil.-hist. Klasse, 36,2). Leipzig 1918.

KANE 1-5 = KANE, V. M.: *History of Dharmaśāstra*. Vol. I-V. Puṇe 1930-1962.

KEITH 1914 = KEITH, Arthur Berriedale: *The Veda of the Black Yajus School entitled Tattirīya Saṃhitā.* Translated from the original Sanskrit prose and verse. Part 1: *Kāṇḍas I-III.* (Harvard Oriental Series 18). Part 2: *Kāṇḍas IV-VII* (Harvard Oriental Series 19). Cambridge, Massachusetts 1914.

KLEIN 1999 = KLEIN, Jared S.: 'A Triadic Structural Feature of Nominal Anaphora in the Rigveda'. In: HABISREITINGER, Jürgen – PLATH, Robert – ZIEGLER, Sabine (Hrsg.): *Gering und doch vom Herzen. 25 indogermanistische Beiträge, Bernhard Forssman zum 65. Geburtstag*. Wiesbaden 1999, 119-134.

KLEIN 2000 = KLEIN, Jared S.: 'Polyptoton and Paronomasia in the Rigveda'. In: HINTZE, Almut – TICHY, Eva (Hrsg.): *Anusantatyai*. Festschrift für Johanna Narten zum 70. Geburtstag. Dettelbach 2000, 133-155.

KLEIN 2002 = KLEIN, Jared S.: 'Homoioteleuton in the Rigveda'. In: SOUTHERN, Mark (ed.): *Indo-European Perspectives*. (Journal of Indo-European Studies Monograph 43). Washington, D.C., 2002, 199-222.

KLEIN 2006 = KLEIN, Jared S.: 'Aspects of the Rhetorical Poetics of the Rigveda'. In: PINAULT – PETIT (eds.) 2006: 195-211.

KOLMER – ROB-SANTER 2002 = KOLMER, Lothar – ROB-SANTER, Carmen: *Studienbuch Rhetorik*. (UTB Sprach- und Literaturwissenschaft. Kommunikationswissenschaft: UTB 2335 / Rhesis. Arbeiten zur Rhetorik und ihrer Geschichte 1). Paderborn – München – Wien – Zürich 2002.

LAUSBERG 1990 = LAUSBERG, Heinrich: *Handbuch der literarischen Rhetorik*. Eine Grundlegung der Literaturwissenschaft. 3. Auflage. Stuttgart 1990.

LOMMEL 1927 = LOMMEL, Herman: *Die Yäšt's des Awesta* übersetzt und eingeleitet. Mit Namenliste und Sachverzeichnis. (Quellen der Religionsgeschichte, 15. Gruppe 6: Iran). Göttingen – Leipzig 1927.

LOMMEL 1930 = LOMMEL, Herman: *Die Religion des Zarathustra* nach dem Awesta dargestellt. Tübingen 1930.

MALANDRA 1971 = MALANDRA, William Warren: *The Fravasi Yast* [sic]*: Introduction, text, translation and commentary.* A Dissertation in Oriental Studies, University of Pennsylvania, 1971. Ann Arbor 1971.

MAYRHOFER 1977a = MAYRHOFER, Manfred: *Iranisches Personennamenbuch.* Hrsg. von Manfred MAYRHOFER. Band 1: *Die altiranischen Namen.* Von Manfred MAYRHOFER. (Österreichische Akademie der Wissenschaften. Phil.-hist. Klasse: Sonderpublikation der Iranischen Kommission, [1]). Wien 1977.

MAYRHOFER 1977b = MAYRHOFER, Manfred: *Zum Namengut des Avesta.* (Sitzungsberichte der Österreichischen Akademie der Wissenschaften. Phil.-hist. Klasse 308,5). Wien 1977.

MAYRHOFER 1992–2001 = MAYRHOFER, Manfred: *Etymologisches Wörterbuch des Altindoarischen.* (Indogermanische Bibliothek. II. Reihe: Wörterbücher). I: *A–D*, Heidelberg [1986–]1992. II: *N–H*, Heidelberg [1992–]1996. III: *Die jüngere Sprache*. [1996–]2001.

MEIER-BRÜGGER 2002 = MEIER-BRÜGGER, Michael: *Indogermanische Sprachwissenschaft.* 8., überarbeitete und ergänzte Auflage der früheren Darstellung von Hans KRAHE. Unter Mitarbeit von Matthias FRITZ und Manfred MAYRHOFER. (De-Gruyter-Studienbuch). Berlin – New York 2002.

MODI 1924 = MODI, J. J.: *The Persian Farziyāt-Nāmeh and Kholasēh-ī Dīn of Dastur Dārāb Pāhlan.* Bombay 1924.

MODI 1937 = MODI, J. J.: *The Religious Ceremonies and Customs of the Parsees.* 2nd ed. Bombay 1937. (Reprint 1995).

MOLLA-DJAFARI 2001 = MOLLA-DJAFARI, Hamid: *Gott hat die schönsten Namen...: wa-li-llāh al-asmā' al-ḥusnā.* Islamische Gottesnamen, ihre Bedeutung, Verwendung und Probleme ihrer Übersetzung. (Europäische Hochschulschriften, Reihe 21: Linguistik, 231). Frankfurt am Main – Wien etc. 2001.

MORIER 1989 = MORIER, Henri: *Dictionnaire de poétique et de rhétorique*, Paris [1]1961. 4e édition revue et augmentée 1989.

MORTARA GARAVELLI 2003 = MORTARA GARAVELLI, Bice: *Manuale di retorica.* (Collezione Bompiani). Milano [1]1988; [8.Aufl.] 2003.

OBERLIES 1998 = OBERLIES, Thomas: *Die Religion des R̥gveda.* Erster Teil: *Das religiöse System des R̥gveda.* (Publications of the De Nobili Research Library 26). Wien 1998.

PANAINO 2002 = PANAINO, Antonio: *The Lists of Names of Ahura Mazdā (Yašt I) and Vayu (Yašt XV).* (Serie Orientale Roma 94). Roma 2002.

PINAULT – PETIT (eds.) 2006 = *La langue poétique indo-européenne. Actes du Colloque de travail de la Société des Études Indo-Européennes (Indogermanische Gesellschaft/Society for Indo-European Studies), Paris, 22-24 octobre 2003*, édités par Georges-Jean PINAULT et Daniel PETIT. (Collection linguistique, publiée par la Société de Linguistique de Paris, 91). Leuven – Paris 2006.

PLETT 1991 = PLETT, Heinrich: *Einführung in die rhetorische Textanalyse*. 8. Aufl. (Nachdruck der 4. Textaufl. mit erneuerter Bibliogr.). Hamburg 1991.

RECKENDORF 1909 = RECKENDORF, H.: *Ueber Paronomasie in den semitischen Sprachen*, Giessen 1909.

RISCH 1949 = RISCH, Ernst: *Griechische Determinativkomposita*. IF 59,3, 1949, 245-294 = RISCH 1981: 62-111.

RISCH 1981 = RISCH, Ernst: *Kleine Schriften*, zum siebzigsten Geburtstag herausgegeben von Annemarie ETTER und Marcel LOOSER. Berlin – New York 1981.

SADOVSKI 2000 = SADOVSKI, Velizar: 'Die exozentrischen Zusammensetzungen mit Vorderglied Präverb/Präposition im R̥gveda: Entheos-Komposita und präpositionale Rektionskomposita'. In: *Indoarisch, Iranisch und die Indogermanistik*. Arbeitstagung der Indogermanischen Gesellschaft vom 2. bis 5. Oktober 1997 in Erlangen. Hrsg. von Bernhard FORSSMAN und Robert PLATH. Wiesbaden 2000, S. 455-473.

SADOVSKI 2001 = SADOVSKI, Velizar: 'Bahuvrīhis und Rektionskomposita im R̥gveda und Avesta: Reinterpretationen ursprünglicher Entheos-Komposita als Ausgangspunkt für die Herausbildung neuer präpositionaler Rektionskomposita'. In: *Norm und Abweichung*. Akten des 27. Deutschen Orientalistentags, Bonn, 28.09.-02.10.1998, hrsg. von Stefan WILD und Hartmut SCHILD. (Kultur, Recht und Politik in muslimischen Gesellschaften 1). Würzburg 2001, 101-120.

SADOVSKI 2003 = SADOVSKI, Velizar: 'Komposita mit prädikativischem bzw. partitivischem Attributionsverhältnis der Glieder im Iranischen und Indischen'. In: *Indo-European Word Formation: Proceedings from the International Conference in Copenhagen, 20–22 October 2000*. Ed. by James CLACKSON and Birgit Anette OLSEN. Copenhagen 2003, 134-167.

SADOVSKI 2006a = SADOVSKI, Velizar: 'Epithetabildung und Götternamen-Kataloge: Stilistisches zur iranischen und indischen Dichtersprache'. In: PINAULT – PETIT (eds.) 2006: 419-448.

SADOVSKI 2006b = SADOVSKI, Velizar: 'Dichtersprachliche Stilmittel im Altiranischen und Altindischen. *Figurae elocutionis*, I: Stilfiguren der Ausdrucksweitung'. In: *Indogermanica. Festschrift für Gert Klingenschmitt. Indische, iranische und indogermanische Studien, dem verehrten Jubilar dargebracht zu seinem fünfundsechzigsten Geburtstag*. Hrsg. von Günter SCHWEIGER. Taimering 2006, 521-540.

SADOVSKI 2006c = SADOVSKI, Velizar: 'On Morphological Structures in the System of Personal Names (Morphology and Semantics of Names and Epithets in Indo-Iranian, I)'. In: *Proceedings of the Fifth European Conference of Iranian Studies, organized by the Societas Iranologica Europaea, Ravenna, October 5–12, 2003*. Volume II. Ed. by Antonio PANAINO and Riccardo Zippoli, with the collaboration of Gian Pietro BASELLO. Milano 2006, 547-560.

SADOVSKI 2007a = SADOVSKI, Velizar: 'Syntax und Formulierungsstil in der indo-iranischen Dichtersprache: Einleitendes zum Periodenbau und zu einigen *figurae per ordinem* im Avesta und Veda. (*Figurae elocutionis*, III)'. Im Druck in: *Protolanguage and Prehistory*. [Akten der XI. Fachtagung der Indogermanischen Gesellschaft, Kraków, 11.-16. Oktober 2004]. Hrsg. von Rosemarie LÜHR. Wiesbaden.

SADOVSKI 2007b = SADOVSKI, Velizar: 'Semantic Variety of Personal Names, Epithets and Characterizations of Indo-Iranian (Aryan) Heroes in the Poetry of Avesta and Veda (Morphology and Semantics of Names and Epithets in Indo-Iranian, II)'. Im Druck in: *Iranian Identity in the Course of History. Proceedings of the International Conference of the Societas Iranologica Europaea, Rome, September 21-24, 2005*. Ed. by Carlo G. CERETI – Chiara BARBATI – Gian Filippo TERRIBILI. Rome.

SADOVSKI 2008a = 'Dichtersprachliches aus dem Altiranischen und Altindischen. *Figurae elocutionis*, III: Stilfiguren der Ausdruckskürzung'. Im Druck in: HOFFMANN, Birgitt – KAUZ, Ralph – RITTER, Markus (Hrsg.): *Iran und iranisch geprägte Kulturen: Studien zu Ehren von Bert G. Fragner; überreicht an seinem 65. Geburtstag*. (Beiträge zur Iranistik), Wiesbaden.

SADOVSKI 2008b = SADOVSKI, Velizar: 'Dichtersprachliches aus dem Altiranischen und Altindischen. *Figurae elocutionis*, IV: Stilfiguren der Ausdruckshäufung'. In Vorbereitung zum Druck in: SADOVSKI, Velizar – STIFTER, David (Hrsg.): *Iranistische und indogermanistische Beiträge in memoriam Jochem Schindler (1944-1994)*. (Sitzungsberichte der Österreichischen Akademie der Wissenschaften). Wien.

SADOVSKI, *BCIS* = SADOVSKI, Velizar: 'Epithets, Names and Poetical Phraseology in Old Iranian, Old Indian and Old Greek Hymnic Poetry', *Sixth Biennial Conference of Iranian Studies*, organized by the International Society for Iranian Studies (*ISIS*), the Iran Heritage Foundation (*IHF*), and the London Middle East Institute (*LMEI*) in London, August 2-6, 2006 [in Vorbereitung zum Druck].

SASTRY – WARRIER – RAMANATHAN 1979 = *Viṣṇusahasranāma*. With Bhāṣya and Translation. [Nach der Ed. von Sri Ananthakrishna SASTRY revidiert von A. G. KRISHNA WARRIER und A. A. RAMANATHAN]. Adyar Library Bulletin 43, 1979, i-xxvi, 1-450.

SCHINDLER 1986 = SCHINDLER, Jochem: 'Zu den homerischen ῥοδοδάκτυλος-Komposita'. In: *o-o-pe-ro-si. Festschrift für Ernst Risch zum 75. Geburtstag*, herausgegeben von Annemarie ETTER. Berlin – New York 1986, 393-401.

SCHINDLER 1997 = SCHINDLER, Jochem: 'Zur internen Syntax der indogermanischen Nominalkomposita'. In: *Berthold Delbrück y la sintaxis indoeuropea hoy.* Actas del Coloquio de la Indogermanische Gesellschaft, Madrid, 21-24 de septiembre de 1994, ed. por Emilio CRESPO y José Luis GARCÍA RAMÓN. Madrid – Wiesbaden 1997, S. 537-540.

SCHMITT 1967 = SCHMITT, Rüdiger: *Dichtung und Dichtersprache in indogermanischer Zeit*. Wiesbaden 1967.

SCHMITT 1978 = SCHMITT, Rüdiger: 'Die theophoren Eigennamen mit altiranisch *Miϑra-'. In: *Études Mithriaques.* (Acta Iranica: Textes et mémoires, 4). Téhéran – Liège 1978, 395-455.

SCHMITT 2000 = SCHMITT, Rüdiger: *Selected Onomastic Writings.* Edited by Winfried BREIDBACH and Philip HUYSE. (Persian Studies Series 20). New York 2000.

SCHMITT 2003a = SCHMITT, Rüdiger: 'Onomastische Bemerkungen zu der Namenliste des *Fravardīn Yašt*'. In: CERETI/MAGGI/PROVASI (eds.) 2003: 363-374.

SCHMITT 2003b = SCHMITT, Rüdiger: 'Iranische Personennamen bei Aristoteles'. In: ADHAMI, Siamak (ed.): *Paitimāna.* Essays in Iranian, Indo-European, and Indian Studies in Honor of Hanns-Peter Schmidt. Volumes I & II. Costa Mesa, California, 2003: 275-299.

SCHMITT 2006a = SCHMITT, Rüdiger: *Iranische Anthroponyme in den erhaltenen Resten von Ktesias' Werk. (Iranica Graeca Vetustiora. III.).* (Sitzungsberichte der ÖAW. Phil.-hist. Klasse, 736 / Veröffentlichungen zur Iranistik 33). Wien 2006.

SCHMITT 2006b = SCHMITT, Rüdiger: 'Modernisierung ererbter Personennamen im Altiranischen. Von 'primären' **k̂leu̯es-* zu 'sekundären' **farnah*-Bildungen'. In: *Studi linguistici in onore di Roberto Gusmani*, a cura di R. BOMBI, C. CIFOLETTI, F. FUSCO, L. INNOCENTE, V. ORIOLES. Alessandria 2006, 1559-1568.

SCHMITT 2007 = SCHMITT, Rüdiger: *Das Iranische Personennamenbuch: Rückschau, Vorschau, Rundschau (mit einer Bibliographie zur Iranischen Personennamenkunde).* (Sitzungsberichte der ÖAW. Phil.-hist. Klasse / Iranische Onomastik 1). Wien 2007.

SCHRAMM 1957 = SCHRAMM, Gottfried: *Namenschatz und Dichtersprache. Studien zu den zweigliedrigen Personennamen der Germanen* (Ergänzungshefte zur Zeitschrift für vergleichende Sprachforschung auf dem Gebiet der indogermanischen Sprachen 15). Göttingen 1957.

SEILER 1950 = SEILER, Hansjakob: *Die primären griechischen Steigerungsformen.* Hamburg 1950.

SRINIVASAN 1983 = SRINIVASAN, Doris M.: 'Vedic Rudra-Śiva'. Journal of the American Oriental Society 103,3, 1983, 543-556.

STAAL 1983 = STAAL, Frits: *Agni.* Volume 1-2. Berkeley 1983.

STIETENCRON 1975 = STIETENCRON, Heinrich von: 'Name und Manifestation Gottes in Indien'. In: STIETENCRON (Hrsg.) 1975: 50-65.

STIETENCRON (Hrsg.) 1975 = STIETENCRON, Heinrich von (Hrsg.): *Der Name Gottes.* Mit Beiträgen von P. BREYERHAUS et al. Düsseldorf 1975.

STIETENCRON (Hrsg.) 1992 = STIETENCRON, Heinrich von (Hrsg.): *Epic and Purāṇic bibliography* (up to 1985). Annotated and with indexes. Compiled under the chairmanship of Heinrich von STIETENCRON by P. FLAMM, H. v. STIETENCRON, J. L. BROCKINGTON, A. MALINAR, P. SCHREINER, K.-P. GIETZ, A. KOLLMANN, S. DIETRICH, R. SÖHNEN-THIEME, A. S. PFEIFFER et al. Vol. 1: A-R. Vol. 2: S-Z, Indexes. Wiesbaden 1992. (Purāṇa Research Publications Tübingen 3,1-2).

TAPASYANANDA 1987 = TAPASYANANDA, Swami: *Sri Vishnu Sahasranama* with Text, Transliteration and Commentary of Śrī Śankarācārya. Translated into English by Swami TAPASYANANDA. Madras [1987].

UEDING – STEINBRINK 2005 = UEDING, Gert – STEINBRINK, Bernd: *Grundriß der Rhetorik*. 4., aktualisierte Aufl. Stuttgart – Weimar 2005.

UEDING (Hrsg.) 1992ff. = *Historisches Wörterbuch der Rhetorik*. Hrsg. von Gert UEDING. Mitbegründet von Walter JENS in Verbindung mit Wilfried BARNER [...]. Unter Mitwirkung von mehr als 300 Fachgelehrten. Tübingen. Bd. 1: *A – Bib*, 1992. Bd. 2: *Bie – Eul*, 1994. Bd. 3: *Eup – Hör*, 1996. Bd. 4: *Hu – K*, 1998. Bd. 5: *L – Musi*, 2001. Bd. 6: *Must – Pop*, 2003. Bd. 7: *Pop – Rhe*, 2005.

USENER 1896/1948 = USENER, Hermann, *Götternamen*. Versuch einer Lehre von der religiösen Begriffsbildung. 1896. 3. Aufl. Frankfurt 1948.

WEBER 1853 = WEBER, Albrecht: 'Analyse der in Anquetil du Perron's Uebersetzung erhaltenen Upanishad (Fortsetzung)'. Indische Studien 2, 1853, 1-111. [Nr. 18: 'Schat Roudri. Çatarudriyam': 14-47].

WERBA 1982 = WERBA, Chlodwig: *Die arischen Personennamen und ihre Träger bei den Alexanderhistorikern* (Studien zur iranischen Anthroponomastik). Dissertation, Universität Wien. Wien 1982.

WHITNEY – LANMAN 1905 = WHITNEY, William Dwight – LANMAN, Charles Rockwell: *Atharva-Veda Saṁhitā*. Translated with a Critical and Exegetical Commentary by William Dwight WHITNEY [...]. Revised and Brought Nearer to Completion and Edited by Charles Rockwell LANMAN. I (Harvard Oriental Series 7). II (Harvard Oriental Series 8). Cambridge, Massachusetts 1905.

WIKANDER 1941 = WIKANDER, Stig: *Vayu*. Texte und Untersuchungen zur indo-iranischen Religionsgeschichte. Teil I: Texte. (Quaestiones Indo-Iranicae 1). Uppsala – Leipzig 1941.

REGISTER

I. *Belegstellenregister*

(Alt- und Jung-)Avestisch

Sanskrit (episch und klassisch)

Brahma-Purāṇa

Mahābhārata
(inkl.: *Bhagavadgītā, Śivasahasranāmastotra, Viṣṇusahasranāmastotra*)

Vāyu-Purāṇa

Vedisch

Atharvaveda-Saṃhitā (Śaunaka-Version)

Kapiṣṭhala-Kaṭha-Saṃhitā

II. *Wortformen- und Namenregister (in Auswahl)*

Urindogermanisch (Rekonstruktionen und Transponate)

Reihenfolge des lateinischen Alphabets. – Diakritika bleiben grundsätzlich unberücksichtigt.

Indo-Iranisch

Urindoiranisch (Rekonstruktionen und Transponate)

Altind(oar)isch (Vedisch und Sanskrit)

Reihenfolge der Devanāgarī-Schrift. – Vedisch unmarkiert.

(Alt- und Jung-)Avestisch

Reihenfolge: *a – ā/å/ā̊ – ą/ą̇ – b/β – c – d/δ – e/ē – ə/ə̄ – f – g/ġ/γ – h – i/ī – j – k – m/m̨ – n/ń/ṇ – ŋ/ŋ́/ŋᵛ – o/ō – p – r – s – š/š́/ṣ̌ – t/ṯ – θ – u/ū – v – x/x́ – xᵛ – y/ẏ – z – ž* (cf. das System von HOFFMANN/ZWANZIGER/MAYRHOFER in: MAYRHOFER 1971b: 54; MAYRHOFER 1971a: 5, mit Ergänzungen von ebenda fehlenden Zeichen). – Ausdrücklich markiert werden nur (linguistisch) distinktive Formen und Stämme, die im Text zur einschlägigen Besprechung herangezogen werden.

Altpersisch

Reihenfolge des lateinischen Alphabets, auch bei den in griechischer Überlieferung bezeugten Wörtern/Namen. – Langvokale werden nach den entsprechenden Kurzvokalen eingereiht.

Mittelpersisch

GERMANISCH

Althochdeutsch

Englisch

GRIECHISCH

Reihenfolge des griechischen Alphabets. – In griechischer Überlieferung bezeugte iranische (in dem Fall: persische) Namen vgl. unter „Altpersisch".

ITALISCH

Lateinisch

III. *Sachregister (in Auswahl)*

Reihenfolge des lateinischen Alphabets. – Diakritika bleiben grundsätzlich unberücksichtigt. Die erfaßten Begriffe aus den beiden Untersuchungen erscheinen im folgenden aus Gründen der Einheitlichkeit in deutscher Sprache.